Aus eigener Erfahrung:

von GCSE bis 'A' level

Joanne Bond, Joyce Darby,

Sue Hyland, Stuart Stockdale,

Susan Tebbutt

The views expressed in this book are those of the contributors and do not necessarily reflect the views of CILT or the Goethe-Institut.

Acknowledgements

The publishers would like to thank the following copyright holders for permission to reproduce copyright material:

Stern 9/90	Page	10
Brigitte 3/85		18
Verlag Gerd Hatje, Stuttgart (Loriot, Das Ei)		19
Stern 9/90		20
Bravo		17/24
Bunte		71
Journal für die Frau		111
Prima		113
Familie, Frauen und Gesundheit		116
Bunte		117
Mädchen		118

It has not been possible in all cases to trace copyright-holders; the publishers would be glad to hear from any such unacknowledged source.

First published 1993
Copyright © 1993 Centre for Information on Language Teaching and Research
ISBN 1 874016 11 9

Cover by Logos Design and Advertising
Printed in Great Britain by Blackmore Press

Published by Centre for Information on Language Teaching and Research, 20 Bedfordbury, London WC2N 4LB.

Contents

Vorwort

Aus eigener Erfahrung - *dieser Titel beschreibt den Inhalt dieses Buches ebenso wie seinen Entstehungsprozeß. Und letzterer ist fast ebenso spannend und aufschlußreich wie sein Ergebnis.*

Es begann mit dem Beschluß, einen praktischen Schnellkurs für das allseits diskutierte Problem 'Bridging the gap' - den Übergang von GCSE zu den anders gearteten Anforderungen des 'A' level-Unterrichts - herauszubringen. Er sollte praktisch erprobt sein und die Schulrealität widerspiegeln. Also mußte er von aktiven Lehrern und nicht von Didaktikern am Schreibtisch geschrieben werden. Nach dem Schneeballprinzip - einer kennt jemanden, der auch interessiert ist, usw - war schnell eine tatkräftige kleine Gruppe von erfahrenen, erfolgreichen 'A' level-Lehrern beisammen. Schon bei der ersten Diskussion der Stärken und Schwächen der Schüler zu Beginn des 'A' level-Kurses war Einigkeit nur über Allgemeinplätze zu erzielen: Stärken lagen im Hör- und Leseverstehen und im Sprechen, Schwächen im Wortschatz und in der Grammatik. Sobald aber über Einzelheiten debattiert wurde, zeigten sich die auf unterschiedlichen Erfahrungen beruhenden Meinungsverschiedenheiten.

Um es kurz zu machen: es gelang noch, einen nach Themen geordneten Kursplan und für jede Einheit zu berücksichtigende Grundsätze festzulegen. Die Arbeit wurde verteilt, und jeder ging schaffensfroh ans Werk. Als die Ergebnisse auf dem Tisch lagen, breitete sich Ratlosigkeit aus.

Die Unterrichtseinheiten waren gut und überzeugend. Sie waren erprobt und realistisch. Aber sie waren so verschieden wie Tag und Nacht, und nur eine Bearbeitung, die sie bis zur Unkenntlichkeit veränderte, hätte daraus einen einheitlichen Schnellkurs zur Ausbesserung der Mängel bei Beginn des 'A' level-Unterrichts schmieden können.

Und so beschlossen die Herausgeber, ihr eitles Unterfangen aufzugeben und stattdessen die Wirklichkeit und ihre Gestalter, die Lehrer, zu ihrem Recht kommen zu lassen. Die ausgearbeiteten Unterrichtseinheiten blieben in ihrem Original-zustand, und Joyce Darby, Joanne Bond, Stuart Stockdale, Sue Hyland und Susan Tebbutt wurden gebeten, Einleitungen zu ihren Beiträgen zu schreiben, in denen sie ihre Schüler und Unterrichtsprinzipien beschrieben. Das Ergebnis liegt hier vor.

*Es hat sich wieder einmal gezeigt, daß es kein Patentrezept für erfolgreichen Unterricht gibt, weil alle Schulen, alle Schüler, alle Lehrer unterschiedlich sind. Die Kunst des Lehrers besteht darin, eine Unterrichtsatmosphäre zu schaffen, in der Schüler **und** Lehrer mit Freude und Interesse arbeiten können.*

Natürlich ist dies eine alte Pädagogenweisheit, aber wie schwer ist es oft, sie in Unterrichtsvorschlägen und Lehrwerken anzuwenden. Gegenwärtig gehört die Forderung nach 'schülerzentriertem Unterrichten' zum Themenkatalog der Lehrerfortbildung. Da ist es interessant nachzulesen, woran die Lehrer selber Freude haben:

I like to use a wide range of materials ... I never spend too long on any one text ... (Sue Hyland)

I like working with literary texts, particularly when learners are being creative. (Stuart Stockdale)

My philosophy is to plunge in at the deep end. (Joyce Darby)

Unsere Philosophie ist: das Fremdsprachenlernen soll Spaß machen. (Susan Tebbutt)

Joanne Bonds Schüler kommen, nach ihrer Darstellung und ihren Unterrichts-vorschlägen zu urteilen, aus einer völlig anderen Welt als die Schüler von Joyce Darby. Man fragt sich, ob Joyces Schüler Joannes Grammatik-Spiele und Eselsbrücken schätzen würden, verlangen sie doch nach Material, das sie nicht an die GCSE-Kinderstube erinnert. Und es steht zu vermuten, daß Joannes Schüler ihrerseits nicht glücklich wären, konfrontierte man sie umstandslos mit den von Joyce benutzten Texten.

Joannes and Joyces Schüler sind wohl, wenn man die gegebenen Informationen nicht falsch interpretiert, jeweils an den entgegengesetzten Seiten des hier vertretenen Spektrums von Schulen anzusiedeln. Die Unterrichtsvorschläge von Stuart Stockdale, Sue Tebbutt und Sue Hyland liegen dazwischen und sind nach beiden Seiten hin übertragbar.

Das begründet die Veröffentlichung aller Beiträge in diesem Band: sie sind einzigartig, weil sie wirklichen Unterricht widerspiegeln; gleichzeitig sind sie typisch, weil sie vielfältig übertragbar sind. Und sie spiegeln eine ganze Bandbreite von unterschiedlichen Unterrichtsstilen, die für jeden Lehrer, der sich über seinen eigenen Unterrichtsstil Gedanken macht, von großem Interesse sind.

Vielleicht ist jetzt, nach den jahrelangen Debatten über kommunikative Didaktik und Curricula, die Zeit gekommen, wieder über die Wirklichkeit im Klassen-zimmer, die Befindlichkeit der Lehrer, und nicht zuletzt über das Geheimnis erfolgreichen Unterrichts zu sprechen. Die Erfahrung der hier vorgestellten Lehrer könnte den Anstoß zu einer umfänglichen Diskussion geben.

Diese Veröffentlichung beruht, natürlich, auf der Arbeit von Sue, Joyce, Joanne, Stuart und Susan. Sie haben so manchen Sonnabend geopfert, um zu Arbeitstreffen nach London zu fahren. Dafür danken wir ihnen herzlich und hoffen, daß sie mit dem Ergebnis ihrer Mühen zufrieden sind. Gleichzeitig danken wir Peter Boaks and Ute Hitchin für ihre unkomplizierte und freundschaftliche Zusammenarbeit, die die Verwirklichung dieses Gemeinschaftswerks von CILT und Goethe-Institut zu einem ungetrübten Vergnügen gemacht hat.

Ragnhild Gladwell
Ute Grauerholz
Goethe-Institut London

Introduction

In 1985 CILT published 'German for 'A' level - a resource-based approach'. This book was the product of a working group organised by the Goethe-Institut. It sets out a very thorough communicative methodology with sequences of exercises and activities linked to a wide range of authentic source material.

It appeared at a time when the 'communicative approach' was well established in language teaching 11-16 via Graded Objectives schemes and the emerging criteria for the GCSE. The impact could be seen at a higher level also, with new 'A' level syllabuses being developed. These emphasised listening skills, authentic texts, practical language use and topical themes, thus moving away from the long-established tradition of prose, translation and literature.

The CILT publication has been used and appreciated by teachers of German at advanced level as a major source of ideas, practical suggestions and exemplar materials supported by a thoroughly thought-through rationale. It is not the purpose of this book to replace it, but rather to complement it by providing additional ideas or materials and food for reflection based on some successful current practice.

It is a fundamental tenet of communicative language teaching that one starts from the learner's situation and builds from there. This implies the need to be flexible and to constantly reappraise the needs of learners - not least by involving them in that appraisal and by increasing their understanding of their own learning processes.

The communicative methods that we see employed today are best understood as variations on certain basic principles and proven effective practice. They do not and should not constitute a dogma - indeed it is its essential pragmatism which ensures the durability of the communicative approach. Language learning and teaching take place in the context of widely differing personal, social and material conditions and against a background of rapidly developing purposes, expectations and requirements in society as a whole.

Since the early 1980s teachers have inevitably reappraised many of their assumptions in the light of experience. Much of their thinking revolves around questions of grammar and progression and how these fit into a communicative methodology.

Initially there was a preoccupation with objective content, with practical tasks, realistic situations and 'getting the message across'. Now, increasingly, there is a view that the medium, the foreign language, is itself the objective. The central issue is the learners' conscious reflection and the choices which they make in order to express something personal to them - in other words the cognitive process.

A communicative approach to grammar looks again at the traditional sequence and hierarchy of grammatical phenomena and searches for systems based on usefulness. Thus, for example, in German various uses of the conditional and subjunctive might precede the need to learn all about the imperfect and certainly look more useful than the pure future tense.

Before assuming that this emphasis on cognition heralds a return to the status quo ante, one should perhaps reflect on the difference between the ability to put together a sentence in the abstract from a set of abstract rules and the skill required to produce a spontaneous personal and appropriate response to a real-life stimulus. How many of us, having already mastered our cases and tenses in the grammatical laboratory, then watched tongue-tied and foolish on that first visit to Germany as opportunities for real-life communication flashed by?

And yet ... and yet, whatever empowers and motivates a learner must be good. Some like paradigms, lists of didactic explanations. A 'classical' language training does help you to get to grips with a new language quickly by giving reference points. Students do not necessarily pick things up by a natural process of osmosis. If you want to play a musical instrument properly you had better learn your scales - but on the other hand that will not teach you to interpret or create a melody.

Perhaps we can all agree with Butzkamm: 'Soviel üben wie nötig, soviel kommunizieren wie möglich'. (W Butzkamm, Psycholinguistik des Fremdsprachenunterrichts, Tübingen 1989).

In the UK foreign language learning has emerged only relatively recently as a natural educational goal for all-comers. German in particular was always esoteric - after all, it could be taught like Latin, all those cases and complications ...

Understandably our present concerns must seem rather parochial in a world where the need and the motivation to learn a foreign language, often English, are unquestioned. Nevertheless, teachers face real practical problems as they negotiate a period of rapid curriculum development in our schools. The teachers who have contributed to this book all address in their own way the particular problem, perceived by both them and their students, of progression from GCSE to the demands of an 'A' level course.

The barriers that exist between different phases of our education system are of concern not only to language teachers. Many a secondary teacher has wondered what on earth his pupils did at primary school and many a university lecturer has bemoaned the lack of systematic grammatical knowledge in today's undergraduates. In the days of GCE 'O' level it was ultimately the demands of higher education which influenced the learning programme of secondary school pupils in often inappropriate ways. Those learning German, usually as a second language, were made to concentrate on grammar and writing as preparation for more advanced courses on which most of them would never embark.

This situation has to a large extent been reversed. GCSE courses for all concentrate much more on speaking, listening and coping with authentic source material. New 'A' level syllabuses have also given greater prominence to these skills and it is important to recognise that our ex-GCSE students, although often lacking the theoretical grammatical grounding of yesterday's successful 'O' level students, are much better prepared for other aspects of modern advanced courses. These strengths should be recognised and built on.

It is to be hoped that the advent of the National Curriculum in Modern Foreign Languages will facilitate transition, since its higher levels contain much which currently does not appear until 'A' level. Similarly, the development of criteria for a system of National Vocational Qualifications (NVQs), which also relates to the National Curriculum, may show a more practical and appropriate route to higher level language qualifications for many young people who currently choose 'AS' or 'A' level.

Nevertheless, it is unfair to GCSE, and to a certain extent a self-fulfilling prophecy, to accept without closer examination the concept of a major gap between the present GCSE and 'A' level.

The problem lies not in the general criteria, aims and objectives of the GCSE but in teachers' perceptions of what the exams actually test. The closely defined content and word lists in the GCSE syllabuses can encourage an emphasis on 'typical GCSE transactions' and the memorising of set phrases and vocabulary items. Grammatical understanding and individual or creative use of language can sometimes seem less profitable pursuits by comparison. It is understandable, therefore, if teachers and students aiming for the highest possible GCSE grade - and especially where German has a late start in the curriculum - feel that there is not always time to develop fully communicative language activities and to cover all aspects of the 'sound base ... required for further study' specified by the GCSE National Criteria as they literally race for the line.

Where German is the first foreign language with five full years of study and when National Curriculum programmes of study are established, this situation should improve. Indeed, a limited and purely functional approach to foreign languages cannot in any case be justified in educational terms as part of the learner-centred entitlement curriculum for all.

The teachers who have contributed to this book show in their different ways how the themes and content of GCSE can be extended to provide intellectually challenging activities for students who are at different levels of awareness of language structures and registers, of knowledge of social and political issues and of personal maturity. Of course, some of the texts and activities are very appropriate for use with pre-GCSE also and would certainly serve to prepare more able students both for the GCSE exam and for the early stages of an 'A' level course.

Our contributors are experienced teachers of German from widely differing schools with students from widely different backgrounds. Every year they face afresh the challenge of guiding learners through the transition from a general course for all towards a more specialised and intensive course. They introduce briefly their schools and their students and give examples of teaching techniques and activities, texts and exercises which they feel suit the needs of their own students and which readers can adopt or adapt for their own use. Even where there may be disagreement over philosophy or exemplification there is surely a special value in sharing the reflections and experience of dedicated and successful colleagues.

I am sure that those colleagues would wish me to thank especially the Goethe-Institut and all its representatives for the outstanding support and inspiration which they offer teachers of German in the UK. Through their courses and publications and through their personal involvement and encouragement, our German friends can be assured of our gratitude for assisting our continuing professional development.

Peter Boaks
CILT

Chapter 1

King Edward VII School ist eine große, gemischte Gesamtschule (11-18) im Südwesten von Sheffield. Mit über 1300 Schülern ist sie eine der größten der Stadt. King Edward VII School hat Partnerschulen in Bochum, Barcelona und Cambrai. Alle Schüler lernen Französisch als erste Fremdsprache. Mit 13 können alle entweder Deutsch, Spanisch oder Latein dazulernen. In der Oberstufe können Schüler Japanisch oder Italienisch lernen. Im Moment machen dreizehn Schüler in der Unterprima und zwölf Schüler in der Oberprima Deutsch als Abiturfach.

Unsere Philosophie ist: das Fremdsprachenlernen soll Spaß machen. In der Klasse wird fast nur Deutsch gesprochen. Es wird viel diskutiert und gespielt. Rollenspiele und erfundene Dialoge sind sehr beliebt. Sprachgefühl wird durch extensives und intensives Lesen von aktuellen Texten aus Zeitungen und Zeitschriften erzielt. Unsere Satellitenanlage bietet uns die Möglichkeit, immer auf dem Laufenden zu sein. Möglichst viele Deutsche werden eingeladen, am Unterricht teilzunehmen.

Susan Tebbutt
King Edward VII School, Sheffield

Leute

Peinliche Augenblicke in der Ameisenwelt

(Stern 9/90)

TEACHER'S NOTES

In the autumn students start their 'A' level course after four months without any German lessons. The GCSE exam prepares them well for a limited number of closely-defined sets of situations, but most students have little experience of extended reading and scant awareness of grammar. Rather than undermine confidence by stressing how huge the gap between GCSE and 'A' level work is, we concentrate on building on students' communicative competence. Exposure to a mass of specially selected genuine German texts, watching schools 'A' level television series and conducting all lessons entirely in German make students extend their passive and active vocabulary. The first topic, **Leute**, builds on students' GCSE knowledge whilst introducing a wide range of vocabulary, revising basic structures and reinforcing grammar issues which arise naturally out of the material.

Lotto

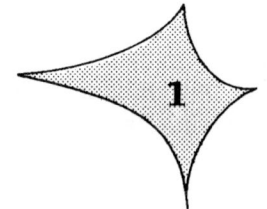

This is a nice easy text to start with. Lotto is almost a national institution in Germany. Winning numbers are announced at the end of news bulletins on television. The text includes the future tense. This can be revised, but students should be aware that normally the present tense is used in German to describe plans for the future, e.g. *Was machst du in den Sommerferien? Ich fahre nach Italien.*

The text provides a good opportunity to use the conditional tense, which is easily formed and has no exceptions to the rule. Teachers might stress how much easier the future and conditional are in German than in some other foreign languages which have many irregular forms in these two tenses.

Revise names of countries which might be visited. Build up a table of countries and the relevant language and name of the inhabitants of each country. Students discuss in pairs where they went in the summer holidays. (Good practice of perfect tense.) Explain that students can tell the truth or invent a holiday, so that no-one feels at a disadvantage if he/she did not go away.

Teacher could show slides of a German-speaking area (e.g. INTER NATIONES slide-tape pack), then ask students to do a short commentary in German.

This first task should be almost entirely oral. Students should work with different members of the group so the exercise acts as an 'ice-breaker' and helps to establish a friendly working atmosphere.

Sandra

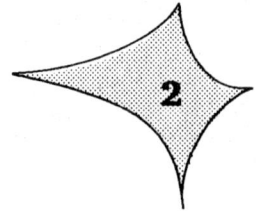

A straightforward text, extending GCSE vocabulary. The *Partnerarbeit* exercise deliberately concentrates on familiar ground and encourages students to use metric measurements. Revision of cardinal and ordinal numbers is useful. Many students forget *dreißig* is the odd one out in the 20-90 numbers and forget the Umlaut in *fünf*.

After pointing out the link phrases such as *Schon als Kind, Als Zwölfjährige, Erst nach...,*
Nachdem sie... and *Am 7.1.1988,* teachers could encourage students to compose a *Werdegang*
about someone else in the group or a German speaker they know. Passive knowledge of
expressions such as the above should be converted into part of students' active vocabulary.

The quiz is another example of 'learning by playing'. The work on this task starts to draw
students' attention to the need for accuracy. Answers to the ten questions should be written
for homework. Common errors should be highlighted when the work is returned at the start
of the next lesson.

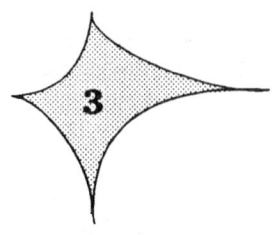

Berufswechsel

This cartoon from the popular women's magazine *Brigitte* is easily
accessible. In Germany there is still a strong feeling that women with
small children should be at home. With the German school hours it
is often hard for women to have part-time work.

The cartoon is meant to provoke discussion, revise simple occupations and expand vocabulary
to include less familiar jobs. Reminder of the formation of feminine nouns by adding *-in* or
Umlaut + *-in,* e.g. *der Verkäufer, die Verkäuferin* and *der Arzt, die Ärztin,* could be
supplemented by a warning that many German women do not like to see themselves as a
male person plus *-in* and that there are many controversies over terms such as *Hausmann* and
Krankenschwester just as there are in England over terms such as chairman. Many feminists
and sympathisers write all words ending in *-in* or *-innen* with a capital I, e.g. *KollegInnen* -
colleagues, and use *frau* instead of *man* for 'one', but these practices should not be adopted
by 'A' level students in exams!

Students should be encouraged to buy German magazines/newspapers at regular intervals.
Stern and *Quick* report on topical, political and social issues and are easier than *Spiegel* which
is more heavyweight and generally more suitable for the end of the 'A' level course. The
cheaper, more sensational magazines with lots of gossip often look unsuitable but can give
students more of a boost to their confidence since the language and grammatical structures
are often simpler. Students need to be aware of sexist elements in these magazines. Fashion
magazines like *Für Sie, Freundin* and *Brigitte* contain many articles on health, tourism, work
and topical issues. Most large cities have a selection of German magazines and papers at
major newsagents.

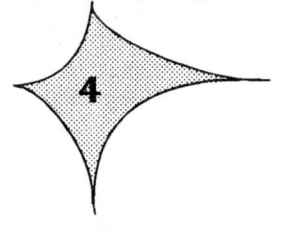

Das Ei

Students should listen to the recording of the short dialogue
(available from the Goethe-Institut). Answer the true/false
questions. After acting out the dialogue and doing the language
building exercises, the fun part is the developing of the relationship
between husband and wife.

Students enjoy role-play exercises where they can throw themselves whole-heartedly into
extreme roles. Encourage students to start using new phrases and expressions they have met
in this or earlier texts. One of the keys to good learning is to develop the 'magpie' habit and
transfer words from the students' passive into their active vocabulary.

Meine Traumfrau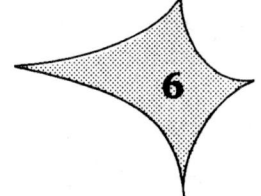

There always seem to be more contact notices in German newspapers than there are in British papers. This lengthy (expensive) advert should amuse and inspire. Often the least extrovert students enjoy composing this type of OTT ad as much as the wild extroverts.

Note that *60er Jahrgang* means the man was born in the 60s, not that he is 60! Students could compete to produce the most eye-catching advertisement (using IT facilities if possible).

Thomas

A nice easy letter to a problem page. Revise the six modal verbs, using clear OHP transparencies. Limit the revision to the present tense so that too much information is not presented at once. Modal verbs are particularly useful in describing aspects of relationships. The reply should use as many as possible of the six different verbs.

Students could then split into two groups. One prepares what Antje feels and wants to say. The other talks through what Thomas is feeling. This helps weaker students with ideas and vocabulary. Students then work in pairs, with one 'Thomas' and one 'Antje' in each pair. The role-play scene between Thomas and Antje should go well, since all students have thought through their role.

Homework is a written version of the oral work. Students should compose a reply to Antje from the magazine and then also write down the ensuing conversation between Thomas and Antje. Try to include short interjections in the conversation to make it sound natural. Teacher could do a brainstorming exercise and encourage students to think of as many one-word responses as they can, e.g. *Genau! Warum? Wirklich?* etc. Reinforce the idea that the students do know a lot of relevant vocabulary but must always be trying to acquire new ideas and expressions.

London zum Billigtarif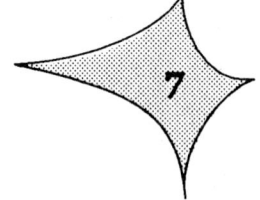

An easy text. Many 'A' level students have pen-friends or take part in exchanges and may well need to plan a visit to London or another major town. Students should collect information on London from a travel agency or the library and be encouraged to plan a visit they would actually enjoy rather than just string together a standard list of sights.

Ideally, students should then also plan two days of visits to local attractions. Students should look at *London zum Billigtarif* carefully and note how the writer varies sentence length and structure to give a lively feel to the text. Note how questions and exclamations are used. The use of *wer ... , der kann* should be explained.

Students should try to interview other German speakers in the class or school about what they know of London.

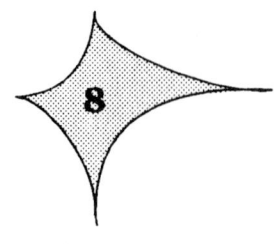

Lothar Matthäus

Straightforward questions of a factual nature followed by practice on nationalities. If interest is there, students could discuss transfers of other players and the money which changes hands. Comments on the World Cup may still be relevant and interesting to ardent football fans, who seem able to recall matches for many years!

Students could try to write a short piece on a sportsperson they know/like. This is a good exercise in transferring knowledge from one text to another context. Students should be instructed to stick to information about their person which has parallels with the information in the *Matthäus* text so that they are working mainly with similar structures and vocabulary. Alternatively, a short video clip from a British TV sports programme could be shown and students could then write an article on the sports personality in German.

This exercise would be good as a team effort. Ideally, each group would record their interview (audio or video cassette) and play it back to the others.

By the end of the topic **Leute** students should feel confident in pair work, discussion and in expressing their ideas on relationships and people. At the end of the topic students should be encouraged to order their vocabulary into sections and to consolidate work done on verbs and word-building. Students should also be encouraged to add to this section any relevant articles they find in magazines or newspapers, and to develop their own awareness of language features and difficulties.

► **TEXTE UND ÜBUNGEN**

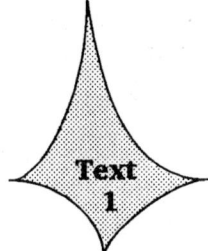

Text 1

1,4-Millionen-Lottogewinn für vierköpfige Kegelrunde

Genau siebzehn Jahre mußte ein privater Kegelclub auf den großen Lottogewinn warten. Jetzt ist es soweit. Drei Münchnerinnen im Alter von 38, 39 und 41 Jahren und ihr 45jähriger Kegelpartner können sich auf 1,4 Millionen Mark freuen. Die Glückszahlen, die sie in all den Jahren ankreutzten, wurden aus den Geburtsdatender Familien zusammen-gesezt. Was mit dem Geld geschehen soll, darüber haben die Damen genaue Vorstellungen. Eine will für die Familie ein Haus im Oberland kaufen, die andere wird mit ihrem Mann eine ausgiebige Kreuzfahrt unternehmen, die dritte plant eine Entdeckungsreise durch Australien. Nur der Mann ist sich noch nicht im klaren, was er mit dem Geld anfangen wird.

I   1,4 Millionen-Lottogewinn

Die meisten Lottospieler gewinnen nie.
Manchmal kommt das große Glück.

- Welches Hobby haben die vier Gewinner?
- Wo wohnen die Gewinner?
- Wie haben sie die Zahlen gewählt?
- Was will der Mann mit dem Geld machen?

II   Diskussion mit Partnern

- Warum spielen Leute Lotto?
- Was würdest du mit 1,4 Millionen Mark machen?
- Würdest du: ein Haus kaufen?
  - eine Weltreise machen?
  - das Geld investieren?
- Warum?
- Warum nicht?
- Mach eine Liste deiner Pläne.

Text 2

BRAVO-AUTOGRAMMKARTE

SANDRA

Bürgerlicher Name: Sandra Cretu, geb. Lauer
Geburtstag: 18.5.1962
Geburtsort: Saarbrücken
Größe: 1.69 m
Gewicht: 50 kg
Haarfarbe: braun
Augenfarbe: braun
Eltern: Robert und Karin Lauer
Bruder: Gaston
Familienstand: verheiratet seit 7.1.1988 mit dem Produzenten Michael Cretu,
Hobbys: Skifahren, Wasserski, Tanzen
Tiere: Chow-Chow „Pascha", Mischling „Nina", Perserkater „Mowgli"
Auto: weißer Wrangler-Jeep
Besondere Kennzeichen: lebt mit Ehemann Michael auf Ibiza
Werdegang: Schon als Kind träumte Sandra von einer Karriere als Popsängerin und nahm Ballettstunden und Gitarrenunterricht. Als Zwölfjährige wurde sie bei einem Talentwettbewerb entdeckt und nahm die Single „Andy, mein Freund" auf. Erst nach Bestehen der mittleren Reife stieg sie 1979 bei der Mädchengruppe Arabesque ein. Gemeinsam mit der ehemaligen Kunstturnerin Jasmin Vetter und Michaela Rose war das Trio hauptsächlich in Japan erfolgreich. Nachdem sie bei Studio-Aufnahmen den Keyboarder Michael Cretu kennengelernt hatte, stieg Sandra 1983 aus der Mädchenband aus und machte unter Cretus Fittichen, solo weiter. Ihr erstes gemeinsames Projekt, „Japan ist weit", die deutsche Version des Alphaville-Hits „Big in Japan",

wurde jedoch ein Flop. Erst mit dem ebenfalls von Cretu komponierten Song „Maria Magdalena" gelang Sandra 1985 der endgültige Durchbruch. Am 7.1. 1988 heirateten die beiden auf Ibiza und kauften sich dort ein altes Bauernhaus, das völlig versteckt in den Bergen liegt. Ihr Haus in Grünwald bei München verkauften sie und behielten nur eine 3-Zimmer-Wohnung in Schwabing – ihr Hauptwohnsitz ist jetzt Ibiza.
Singles: 1974 „Andy, mein Freund"; 1984 „Japan ist weit"; 1985 „Maria Magdalena", „In the Heat of the Night"; 1986 „Little Girl", „Innocent Love", „Hi,Hi,Hi!", „Loreen"; 1987 „Midnight Man", „Everlasting Love"; 1988 „Stop for a Minute", „Heaven can wait", „Secret Land", „We'll be together"; 1989 „Around my Heart", „Yes we can"; 1990 „Hiroshima", „(Life may be) A big Insanity"
LPs: 1985 „The long Play"; 1986 „Mirrors"; 1987 „Ten on One"; 1988 „Into a Secret Land"; 1990 „Paintings in Yellow"

Eigene Ergänzungen:

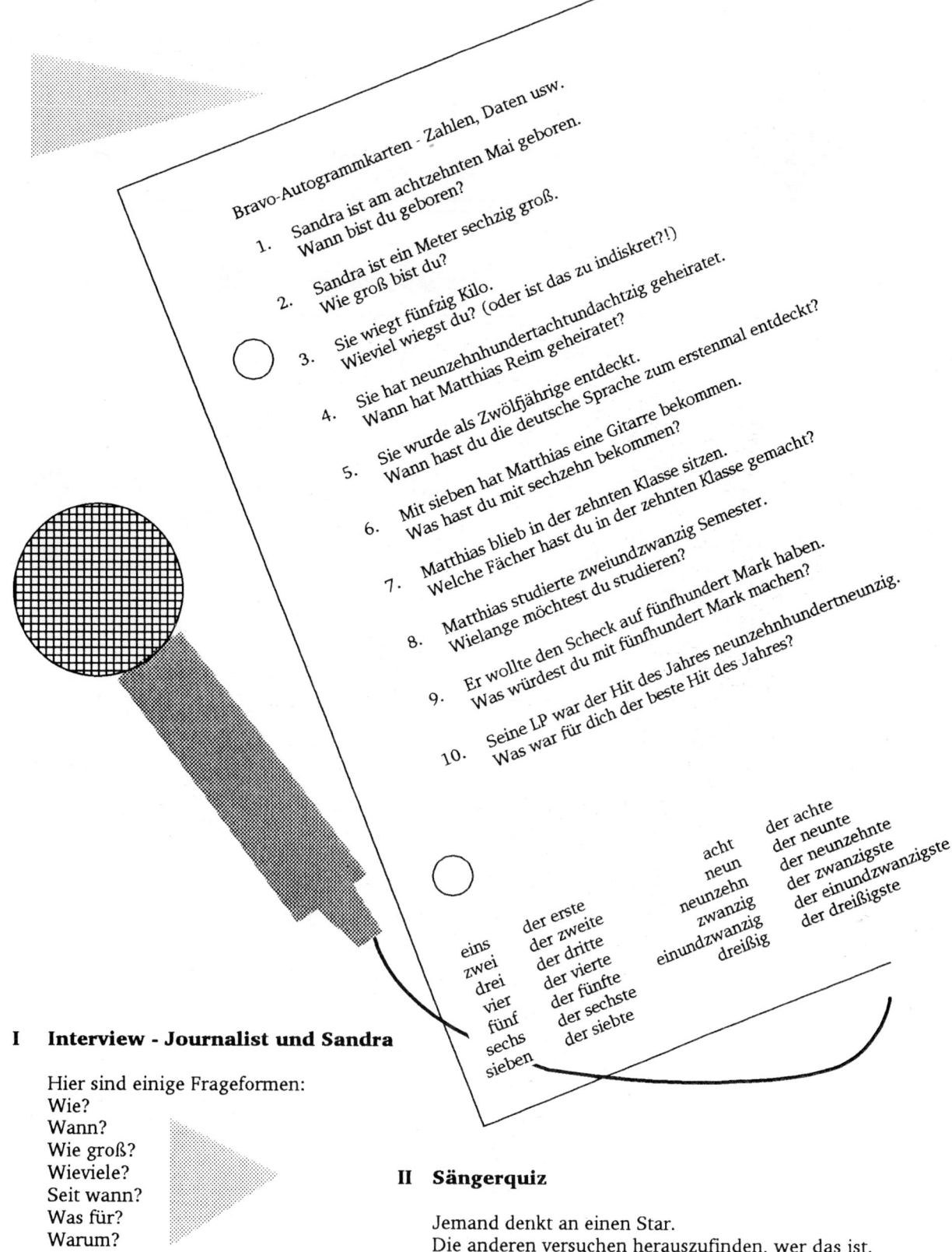

Bravo-Autogrammkarten - Zahlen, Daten usw.

1. Sandra ist am achtzehnten Mai geboren.
   Wann bist du geboren?

2. Sandra ist ein Meter sechzig groß.
   Wie groß bist du?

3. Sie wiegt fünfzig Kilo.
   Wieviel wiegst du? (oder ist das zu indiskret?!)

4. Sie hat neunzehnhundertachtundachtzig geheiratet.
   Wann hat Matthias Reim geheiratet?

5. Sie wurde als Zwölfjährige entdeckt.
   Wann hast du die deutsche Sprache zum erstenmal entdeckt?

6. Mit sieben hat Matthias eine Gitarre bekommen.
   Was hast du mit sechzehn bekommen?

7. Matthias blieb in der zehnten Klasse sitzen.
   Welche Fächer hast du in der zehnten Klasse gemacht?

8. Matthias studierte zweiundzwanzig Semester.
   Wielange möchtest du studieren?

9. Er wollte den Scheck auf fünfhundert Mark haben.
   Was würdest du mit fünfhundert Mark machen?

10. Seine LP war der Hit des Jahres neunzehnhundertneunzig.
    Was war für dich der beste Hit des Jahres?

eins	der erste	acht	der achte
zwei	der zweite	neun	der neunte
drei	der dritte	neunzehn	der neunzehnte
vier	der vierte	zwanzig	der zwanzigste
fünf	der fünfte	einundzwanzig	der einundzwanzigste
sechs	der sechste	dreißig	der dreißigste
sieben	der siebte		

I   Interview - Journalist und Sandra

Hier sind einige Frageformen:
Wie?
Wann?
Wie groß?
Wieviele?
Seit wann?
Was für?
Warum?

Mache das Interview zuerst mit
Hilfe des Textes, dann ohne.

II   Sängerquiz

Jemand denkt an einen Star.
Die anderen versuchen herauszufinden, wer das ist.
Der 'Star' darf nur 'Ja' oder 'Nein' sagen.

z.B. Sind Sie ein Mann?
Sind Sie Amerikaner?
Machen Sie viele Videos?
Singen Sie mit einer Gruppe?

I   Diskussion

- Was ist ein typischer Männerberuf?
- Mache eine Liste von Berufen.
- Teile die Liste in zwei
  a. mehr für Frauen,
  b. mehr für Männer.
- Gibt es also wirklich Frauenberufe und Männerberufe oder nicht?

II   Spiel

- Ein Schüler denkt an einen Beruf.
- Die anderen stellen Fragen.
  z.B.   Arbeiten Sie allein?
         Arbeiten Sie mit Maschinen?
         Arbeiten Sie mit Tieren?
         Verdienen Sie viel Geld? usw.
- Der erste Schüler darf nur 'Ja' oder 'Nein' sagen.

Das Ei

Das Ehepaar sitzt am Frühstückstisch. Der Ehemann hat sein Ei geöffnet und beginnt nach einer längeren Denkpause das Gespräch.

ER   Berta!

SIE Ja ...

ER   Das Ei ist hart!

SIE *(schweigt)*

ER   Das Ei ist hart!

SIE Ich habe es gehört ...

ER   Wie lange hat das Ei denn gekocht? ...

SIE Zu viel Eier sind gar nicht gesund ...

ER   Ich meine, wie lange dieses Ei gekocht hat ...

SIE Du willst es doch immer viereinhalb Minuten haben ...

ER   Das weiß ich ...

SIE Was fragst du denn dann?

ER   Weil dieses Ei nicht viereinhalb Minuten gekocht haben *kann*!

SIE Ich koche es aber jeden Morgen viereinhalb Minuten!

ER   Wieso ist es dann mal zu hart und mal zu weich?

SIE Ich weiß es nicht ... ich bin kein Huhn!

ER   Ach! ... Und woher weißt du, wann das Ei gut ist?

SIE Ich nehme es nach viereinhalb Minuten heraus, mein Gott!

ER   Nach der Uhr oder wie?

SIE Nach Gefühl ... eine Hausfrau hat das im Gefühl ...

ER   Im Gefühl? ... Was hast du im Gefühl?

SIE Ich habe es im Gefühl, wann das Ei weich ist ...

ER   Aber es ist hart ... vielleicht stimmt da mit deinem Gefühl was nicht ...

SIE Mit meinem Gefühl stimmt was nicht? Ich stehe den ganzen Tag in der Küche, mache die Wäsche, bring deine Sachen in Ordnung, mache die Wohnung gemütlich, ärgere mich mit den Kindern rum, und du sagst, mit meinem Gefühl stimmt was nicht?

ER   Jaja ... jaja ... jaja ... wenn ein Ei nach Gefühl kocht, dann kocht es eben nur *zufällig* genau viereinhalb Minuten!

SIE Es kann dir doch ganz egal sein, ob das Ei *zufällig* viereinhalb Minuten kocht ... Hauptsache, es *kocht* viereinhalb Minuten!

ER   Ich hätte nur gern ein weiches Ei und nicht ein *zufällig* weiches Ei! Es ist mir egal, wie lange es kocht!

SIE Aha! Das ist dir egal ... es ist dir also egal, ob ich viereinhalb Minuten in der Küche schufte!

ER   Nein-nein!

SIE Aber es ist *nicht* egal ... das Ei *muß* nämlich viereinhalb Minuten kochen ...

ER   Das habe ich doch gesagt ...

SIE Aber eben hast du doch gesagt, es ist dir egal!

ER   Ich hätte nur gern ein weiches Ei ...

SIE Gott, was sind Männer primitiv!

ER   *(düster vor sich hin)* Ich bringe sie um ... morgen bringe ich sie um ...

Ausleihbar als Video vom Goethe-Institut

I   Richtig oder falsch?

1. Das Ehepaar sitzt beim Frühstück.
2. Das Ei ist weich.
3. Er will das Ei viereinhalb Minuten gekocht haben.
4. Sie kocht nur am Wochenende Eier.
5. Sie kocht nach der Uhr.
6. Sie sitzt den ganzen Tag im Wohnzimmer.
7. Er findet das Ei richtig, so wie es ist.
8. Sie findet Männer primitiv.

II   Was ist das Gegenteil von ...?

1. hart _____
2. lang _____
3. viel _____
4. gesund _____
5. immer _____
6. dieser _____
7. jeder _____
8. gut _____
9. nehmen _____
10. nach _____
11. vielleicht _____
12. nein _____

III Finde ein Synonym!

z.B. wieviele Minuten   wielange

1. überhaupt nicht _____
2. jedesmal _____
3. Vormittag _____
4. manchmal _____
5. Wäsche _____
6. per Zufall _____
7. wichtig ist _____
8. schwer arbeiten _____

GARY LARSON
Die andere Seite

»Könnten wir nicht hin und wieder einfach nur Nudeln essen?«

(Stern 9/90)

IV Wie geht es weiter?

Am nächsten Tag sitzt das Ehepaar am Frühstückstisch. Das Ei ist wieder hart. Wie geht der Dialog weiter?

Text
5

„Ich suche meine Traumfrau"

● mal in Jeans, mal im Abendkleid ● verbringt die meiste Zeit mit mir, weil Geld keine Rolle spielt ● sportliche Erscheinung ● finanziell unabhängig ● absolut tierlieb ● schlank & größer als 172 cm ● Elternhaus mit entsprechendem Ambiente ● kann herzlich lachen ● fährt gerne Ski, segelt & fliegt vielleicht ● liebt schwarze Pferde & reitet gerne morgens aus ● Alter bis Ende 20 ● schlanke, lange Beine ● herrlich roter Kußmund ● viel Spaß am Leben ● noch nicht so richtig erwachsen ● kinderlieb ● mag freche Hunde ● romantisch ohne Ende ● diniert gerne bei Kerzenlicht & 12-Gang-Menü – liebt aber auch den von mir servierten schnellen Happen (hmpf . . .) ● mag die hemmungslose Leidenschaft ● haßt Untreue ● steht auf Zärtlichkeit ohne Grenzen ● fühlt sich im 560-Mercedes-Coupé genauso wohl wie im VW-Käfer ● nicht arrogant & überheblich, sondern selbstbewußt & kosmopolitisch ● mag Yellow-press & Hermann-Hesse-Gedichte ● tagelange Erotik ● kann den Papst nicht leiden, hat trotzdem Werte, an die sie glaubt ● strahlendweiße Zähne ● wird schnell braun ● mag Frühstück im Bett – von mir serviert ● liebt fremde Länder ● steht auf die Bacardi-TV-Werbung ● mag Flüge mit der Concorde, weil wir dann vorher in London oder Paris durch die Straßen schlendern ● kennt sich mit Nummernkonten aus ● mag schwarzen Humor ● kann mit Stäbchen essen ● trinkt gerne Glühwein ● sucht auch ihren Traummann ● für immer!

Löwe, 60er Jahrgang, attraktiv & sportlich durchtrainiert, will sein traumhaft-aufregendes Leben ab sofort zu zweit verbringen. Zuschr. mit nettem Foto unter ⊠ ZS9367786 an SZ.

I   Die Synonyme sind im Text. Wie heißen sie?

1. sportliches Aussehen _____

2. reich _____

3. Atmosphäre _____

4. Imbiß _____

5. Volkswagen _____

6. international _____

7. bummeln _____

8. makaber _____

II   Wie heißen die zwölf Sternzeichen auf Deutsch?

III   Schreibe selber eine Kontaktanzeige, worin du deine(n) Wunschpartner(in) und deinen Lebensstil beschreibst. Ein bißchen Humor gehört dazu!

● Unschuldig

„Morgen ist unser 30. Hochzeitstag. Was meinst du, Anton, soll ich aus diesem Anlaß ein Huhn schlachten?" - „Ach, laß doch, Alwine. Was kann denn das arme Huhn dafür?!"
Anke Scholz, Brake, 50 Mark

(Bild 2/92)

„Wir haben Glück – es sieht dir überhaupt nicht ähnlich!"
Udo Kausz, Paul-Kirchhof-Platz 11, 6230 Frankfurt/M. 80

(Echo der Frau 1/91)

● Das liebe Geld

Sie heult: „Du hast mich nur geheiratet, weil ich ein bißchen Geld habe!" „Unsinn, Liebling", tröstet er, „ich hätte dich auch geheiratet, wenn du viel Geld hättest!"
Marlo Kohl, Abtsteinach, 50 Mark

(Bild am Sonntag 2/91)

Text 6

I Lies den Brief durch.
Antje sucht Hilfe.
Schreibe ihr einen Brief.

II Rollenspiel
Personen - Thomas und Antje.
Antje hat die Antwort von der Zeitung gelesen.
Jetzt erklärt sie Thomas, was sie machen wird.

Thomas hat nur einmal in der Woche Zeit für mich

Ich habe seit einem dreiviertel Jahr einen Freund. Er ist unheimlich nett. Aber er hat einen gravierenden Fehler. Thomas hat nur einmal in der Woche Zeit für mich, und zwar am Samstag.

Einmal ist Fußball an der Reihe, anschließend unternimmt er etwas mit seinen Sportkameraden. Zweimal trifft er Freunde, mit denen er durch Diskotheken zieht. Einmal ist Schwimmtraining, einmal geht er zu seinen Eltern. Und am Sonntag will er lesen oder etwas in seiner Wohnung tun.

Er kann nicht verstehen, daß ich mich vernachlässigt fühle und an seiner Liebe zweifle. Um keinen Preis ist er bereit, wenigstens einen zweiten Tag mit mir zu verbringen. Statt dessen fordert er mich auf, selbst etwas zu unternehmen. Dann hätte ich keine Langeweile. **Antje P., 19 Jahre**

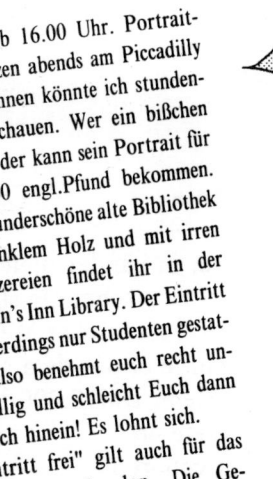

Text
7

London zum Billigtarif

Wer am liebsten mit dem Rucksack auf dem Rücken quer durch fremde Länder reist, wird es schon bemerkt haben: Der allzuschnell dünner werdende Geldbeutel macht in den meisten Fällen dem Urlaub ein abruptes Ende. Das muß nicht sein. Am Beispiel von London will ich zeigen, daß es auch anders geht. Es fängt natürlich schon bei der Übernachtung an. Wen bis zu zwölf Personen in einem Schlafsaal nicht abschrecken, der kann in der Jugendherberge in der Carter Lane seinen Schlafsack ausrollen. Dies ist eine der billigsten Adressen Londons, wenn man von der Möglichkeit, auf einer Parkbank zu nächtigen, einmal absieht!

In London selbst gibt es allerhand zu sehen, selbst für Leute mit schmalem Geldbeutel: "Changing of the Guards", die Wachablösung an der Whitehall (im Sommer jeden Vormittag um 11.30 Uhr) ist gratis, ein Muß, für jeden, der zum ersten Mal in London ist.

Nur ein paar hundert Yards weiter befindet sich der Trafalgar Square. Dort sind die Gebäude der National Gallery mit Picasso und Rembrandt, Eintritt frei, warum also nicht mal reinschnuppern? Hier befindet sich auch die Kirche "St. Martin in the Fields", wo regelmäßig zur Mittagszeit "lunchtime music" dargeboten wird.

Auch in der National Gallery werden Konzerte mit freiem Eintritt für die Bevölkerung gegeben, allerdings abends (Information in der Gallery).

Für Kurzentschlossene gibt es günstige Theater- und Musicalkarten für die jeweiligen Abendvorstellungen ab 7.50 engl.Pfund (mit Ermäßigung): in der Ticketbooth am Leicester Square und direkt am Theater ab 16.00 Uhr. Portraitmaler sitzen abends am Piccadilly Circus. Ihnen könnte ich stundenlang zuschauen. Wer ein bißchen feilscht, der kann sein Portrait für nur 3.00 engl.Pfund bekommen.

Eine wunderschöne alte Bibliothek aus dunklem Holz und mit irren Schnitzereien findet ihr in der Lincoln's Inn Library. Der Eintritt ist allerdings nur Studenten gestattet, also benehmt euch recht unauffällig und schleicht Euch dann einfach hinein! Es lohnt sich.

"Eintritt frei" gilt auch für das Museum of London. Die Geschichte Londons von den Römern bis zu Modeschauen der 80iger Jahre wird dort wirklichkeitstreu nachgestellt. Weitere London-Infos gibt es im Touristic Information Center in der Regent Street! Kostenlos! Bye, see you in London!

Petra Schröm, 20, Studentin, Ulm

I   Richtig - falsch

1. Studenten reisen gern mit dem *Koffer/Rucksack*.
2. Eine *Jugendherberge/Pension* ist am billigsten.
3. In London gibt es *viel/wenig* zu sehen.
4. Konzerte in der Nationalgalerie sind *abends/vormittags*.
5. Studenten bezahlen *mehr/weniger* für Theaterkarten.
6. Porträtmaler wollen *£7.50/£3* für ein Porträt.
7. Lincoln's Inn Library ist sehr *alt/modern*.
8. Das Museum of London zeigt die Geschichte der *Römer/Londoner*.

II London zum Billigtarif

1. Wo kann man in London billig übernachten?
2. Was kann man kostenlos sehen?
3. Wo kann man im letzten Moment noch Theaterkarten kaufen?
4. Was gibt es alles im Museum of London?

III Rollenspiel

Dein(e) Brieffreund(in) kommt nach London. Stelle ein attraktives Programm für drei Tage zusammen, das auch deinen Interessen entspricht. Besprich die Möglichkeiten mit ihm/ihr.

Text
8

LOTHAR MATTHÄUS

Der Super-Kapitän

I   Leseverständnis

1. Wie oft hat er in Länderspielen gespielt?
2. Wie oft ist er Deutscher Meister gewesen?
3. Wie oft ist er Italienischer Meister gewesen?
4. Wielange wurde er aus dem Nationalteam verbannt?
5. Warum mußte er DM13,000 bezahlen?
6. Wann heiratete er?
7. Wann ist er geboren?
8. Wieviel bezahlte Inter Mailand für ihn?

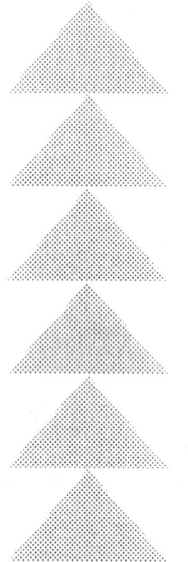

Land	Sprache	Leute
Deutschland	deutsch	der Deutsche
Dänemark		
England		
Frankreich		
Griechenland		
Irland		
Italien		
Polen		
Portugal		
Schottland		
Spanien		
Türkei		
USA		
Wales		

othars Karriere ist mit Titeln geschmückt: Nationalmannschafts-Kapitän, 81 Länderspiele, Weltmeister, zweimal Vize-Weltmeister, dreimal Deutscher Meister, einmal Deutscher Pokalsieger, einmal Italienischer Meister. Dabei galt Lothar lange Zeit als „enfant terrible" des deutschen Fußballs. Da war sein loses Mundwerk, das Trainer und Funktionäre verärgerte. Fast zwei Jahre lang wurde er aus dem Nationalteam verbannt. Dann Eskapaden außerhalb des Spielfeldes: 13 000 Mark Geldstrafe, als Lothar mit 2.06 Promille Alkohol am Steuer saß. Erster Hochzeitstermin mit der Sozialpädagogik-Studentin Silvia geplatzt, weil sich Lothar plötzlich in eine Hotelangestellte verschaut hatte. Später große Versöhnung mit Silvia, die er schließlich 1981 heiratete. Vater von zwei Mädchen. Aber in den letzten Jahren wurde Lothar zu einer gereiften Persönlichkeit und dies nicht nur auf dem Spielfeld. Ein Typ, der die Ärmel hochkrempelt, der auch für andere ackert, ein Spieler aus Kraft, Tempo, Härte und Athletik. Der Sohn des Hausmeisters bei Puma wurde am 21. März 1961 in Erlangen geboren. Nach der Hauptschule Lehre als Raumausstatter, mit 18 dann ein Profivertrag. Er wechselte vom FC Herzogenaurach (sein damaliger Jugendtrainer: „Lothar war ein eigensinniges und dickköpfiges Talent") zu Borussia Mönchengladbach. Sein erstes Länderspiel, es war 1980 gegen Holland, hat Lothar nicht so gut in Erinnerung: „Ich wurde eingewechselt und verursachte kurz darauf einen Elfmeter für Holland". 1984 zahlte der FC Bayern München für Lothar mehr als zwei Millionen Mark. Für 7,45 Millionen wechselte Lothar im Sommer 1988 zu Inter Mailand. Mit ihm sein Bayern-Clubkamerad Andy Brehme. In Italien steigerte sich seine Leistungskurve. Inter wurde Meister und Lothar war einer der gefeiertsten Spieler. Bei der WM in Italien sicherlich unser wertvollster Spieler. Ein Kapitän von Format.

(Bravo)

Chapter 2

I teach in a girls' Grammar School, so I suppose many readers will feel I am in a special position. I like working with literary texts, particularly when learners are being creative. I am always surprised by what youngsters are capable of producing, given the right stimulus.

I believe in the contribution which German studies can make to the personal and social development of young people. If we are not promoting this development, how do we justify what we do?

The activities suggested here are just one possible way of achieving this aim. They are all valuable and enjoyable. The credit should go to my Lower Sixth. I hope their work and comments will stimulate you to 'have a go' with literary texts. But please don't use them for grammar work!

(Examples of learners' work have been partially corrected. In the main, however, they are as submitted.)

Stuart Stockdale
Queen Mary's High School, Walsall

EIN NETTER KERL

1 Ich hab ja so wahnsinnig gelacht, rief Nanni
in einer Atempause. Genau wie du ihn beschrieben hast, entsetzlich.
Furchtbar fett für sein Alter, sagte die Mutter.
5 Er sollte vielleicht Diät essen. Übrigens, Rita,
weißt du, ob er ganz gesund ist?
Rita setzte sich gerade und hielt sich mit den
Händen an der Unterseite des Sitzes fest. Sie
sagte: Ach, ich glaub schon, daß er gesund
10 ist. Genau wie du es erzählt hast, weich wie
ein Molch, wie Schlamm, rief Nanni. Und
auch die Hand, so weich.
Aber er hat dann doch auch wieder was
Liebes, sagte Milene, doch, Rita, ich finde,
15 er hat was Liebes, wirklich.
Na ja, sagte die Mutter, beschämt fing auch
sie wieder an zu lachen; recht lieb, aber
doch gräßlich komisch. Du hast nicht zu
viel versprochen, Rita, wahrhaftig nicht.
20 Jetzt lachte sie laut heraus. Auch hinten
im Nacken hat er schon Wammen, wie ein
alter Mann, rief Nanni. Er ist ja so fett, so
weich, so weich! Sie schnaubte aus der
kurzen Nase, ihr kleines Gesicht sah ver-
25 quollen aus vom Lachen.
Rita hielt sich am Sitz fest. Sie drückte die
Fingerkuppen fest ans Holz.
Er hat so was Insichruhendes, sagte Milene.
Ich find ihn so ganz nett, Rita, wirklich,
30 komischerweise.
Nanni stieß einen winzigen Schrei aus und
warf die Hände auf den Tisch; die Messer
und Gabeln auf den Tellern klirrten.
Ich auch, wirklich, ich find ihn auch nett,
35 rief sie. Könnt ihn immer ansehn und mich
ekeln.
Der Vater kam zurück, schloß die Eßzimmer-
tür, brachte kühle nasse Luft mit herein.
Er war ja so ängstlich, daß er seine letzte
40 Bahn noch kriegt, sagte er. So was von
ängstlich.
Er lebt mit seiner Mutter zusammen, sagte
Rita.
Sie platzten alle heraus, jetzt auch Milene.

45 Das Holz unter Ritas Fingerkuppen wurde
klebrig. Sie sagte: Seine Mutter ist nicht ganz
gesund, so viel ich weiß.
Das Lachen schwoll an, türmte sich vor ihr
auf, wartete und stürzte sich dann herab, es
50 spülte über sie weg und verbarg sie: lang
genug für einen kleinen schwachen Frieden.
Als erste brachte die Mutter es fertig, sich
wieder zu fassen.
Nun aber Schluß, sagte sie, ihre Stimme zit-
55 terte, sie wischte mit einem Taschentuch-
klümpchen über die Augen und die Lippen.
Wir können ja endlich mal von was anderem
reden.
Ach, sagte Nanni, sie seufzte und rieb sich
60 den kleinen Bauch, ach ich bin erledigt, du
liebe Zeit. Wann kommt die große fette
Qualle denn wieder, sag Rita, wann denn?
Sie warteten alle ab.
Er kommt von jetzt an oft, sagte Rita. Sie
65 hielt den Kopf aufrecht.
Ich habe mich verlobt mit ihm.
Am Tisch bewegte sich keiner. Rita lachte
versuchsweise und dann konnte sie es mit
großer Anstrengung lauter als die andern,
70 und sie rief: Stellt euch das doch bloß mal
vor: mit ihm verlobt! Ist das nicht zum
Lachen!
Sie saßen gesittet und ernst und bewegten vor-
sichtig Messer und Gabeln.
75 He, Nanni, bist du mir denn nicht dankbar,
mit der Qualle hab ich mich verlobt, stell dir
das doch mal vor!
Er ist ja ein netter Kerl, sagte der Vater. Also
höflich ist er, das muß man ihm lassen.
80 Ich könnte mir denken, sagte die Mutter
ernst, daß er menschlich angenehm ist, ich
meine, als Hausgenosse oder so, als Familien-
mitglied.
Er hat keinen üblen Eindruck auf mich ge-
85 macht, sagte der Vater.
Rita sah sie alle behutsam dasitzen, sie sah
gezähmte Lippen. Die roten Flecken in den
Gesichtern blieben noch eine Weile. Sie
senkten die Köpfe und aßen den Nachtisch.

aus: *Gabriele Wohmann, Habgier (Eremiten-Presse, 1973)*

©   *Gabriele Wohmann, S. 71-73*

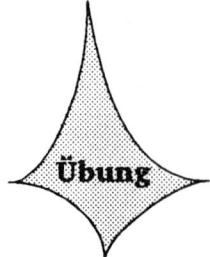

Time required: 2 hours and homework

Based on the text by Gabriele Wohmann.

The aim of this activity is to show how the perception of another person can vary. How do we know a person's true self?

We began by reactivating what had already been learnt for GCSE in describing the appearance and personality of individuals. We described people and 'filled in' missing information through assumptions.

> Mein Vater ist Polizist von Beruf. Er hat viel Streß und ist ganz ungeduldig. Er kann autoritär aussehen, aber er hat ein liebes Wesen. Er hat einen Sinn für Humor und ist seelenruhig. Ich finde ihn gutaussehend. Er hat braune Haare - aber er bekommt eine kleine Glatze - und braune Augen. Er ist 2m groß und hat ziemlich große Füße. Wenn er lächelt, strahlt sein Gesicht.
>
> (Jane F)

We collected structures on the board, as they arose, e.g.:

Ich finde ihn ...
Er gefällt mir (gar nicht), weil ...
Er kommt mir ... vor
Er sieht ... aus
Er ist ...; er hat ...; er scheint ...

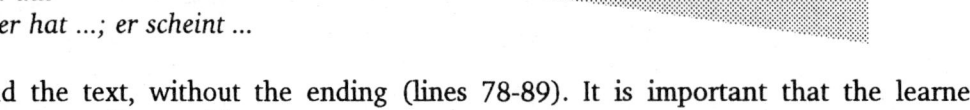

We then read the text, without the ending (lines 78-89). It is important that the learner should not see the ending at this stage.

Each (learner or) group was allotted a role (Nanni, Mutter, Milene, Vater, Rita). They were given the task of describing the boyfriend (we called him Peter) from the point of view of their role-character, using the evidence in the text and adding speculations of their own. Individuals or groups then reported on Peter. We had a variety of 'impressions' of him. What was he really like? Learners were asked to write an objective pen-portrait of him, bearing in mind everything that had been said.

Learners were then asked to suggest how the conversation might end. They have been critical of 'Peter' and now they have been told that Rita wants to marry him. How will they extricate themselves from this embarrassing situation?

Ich glaube, daß Peter nicht gesund aussieht, weil er nervös ist: er hat nie die Familie seiner Freundin gesehen. Er war ängstlich, daß er seine letzte Bahn noch kriegt, weil er mit dem Vater der Rita nicht sprechen wollte. Wahrscheinlich ist er ein bißchen fett. Ich bekomme den Eindruck, daß er einen Sinn für Humor hat. Meiner Meinung nach hängt er von seiner Mutter ab.

(Jane F)

Ich habe den Eindruck, daß er sympathisch und herzlich ist, weil er zu Hause bleibt um seine kranke Mutter zu pflegen. Andererseits machte Rita eine schreckliche Beschreibung: sie hieß ihn eine große, fette Qualle, und man hat den Eindruck, daß er sehr dick und häßlich ist, aber meiner Meinung nach macht das nichts, weil seine Persönlichkeit wichtiger ist.

(Judith C)

Ich denke, daß er ganz klein ist, aber auch dick. Ich bilde mir ein, daß er schwarze Haare (kurz und gewellt) hat, mit braunen Augen. Auch trägt er eine Brille (mit einem goldenen Rahmen). Ich denke, daß er meistens Jeans und einen Pullover trägt (mit Trainingsschuhen). Ich glaube, daß er ganz liebevoll ist, und ist auch ganz schüchtern mit fremden Menschen, zum Beispiel Ritas Eltern. Ich glaube auch, daß er nicht raucht, aber ich glaube, daß er Alkohol trinkt (aber nicht viel).

(Nicola G)

Learners' impressions

Through reading the text I had a picture gradually forming in my mind. Also, as I wrote one thing down, I'd think for a minute or two, and find another point about him, e.g. I could see him wearing glasses and then I thought about what sort, and I decided on a gold frame.

(Nicola G)

It will be interesting to see how other people imagined him to look/be like, compared with my own.

(Rowena J)

> **Was bin ich?**

Du bist schließlich bald volljährig
Dafür bist du aber wirklich noch zu jung
Du bist alt genug
Du bist doch erst siebzehneinhalb
Und ich weiß nicht mehr, was ich bin

Nicole Kiesewetter

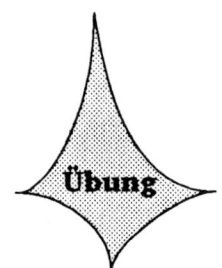

Time required: 1 hour

Based on the poem by Nicole Kiesewetter.

This activity was linked to the activity based on *Ein netter Kerl*. We did this having worked through *Ein netter Kerl*, but the order could easily be reversed. I like this text for a number of reasons. It is written by a teenager and speaks directly to teenagers. It is accessible. It deals with an interesting problem in minimal language and thus encourages learners to believe that they, too, can write poems in German about their own personal feelings.

Having said that, poetry writing always needs to be treated by the teacher with a degree of sensitivity. I would never insist, for example, that a learner **must** show the finished poem to me. I suggested in this activity that the poem could be about one's own person, or about another person, real or imaginary.

The link with *Ein netter Kerl* is that the different perceptions of personality are again explored, but in this case the often contradictory perceptions which individuals have of their own self.

I introduced the theme by pointing out that we have a fluctuating picture of ourselves, and that our mood can often determine our self-assessment, e.g.:

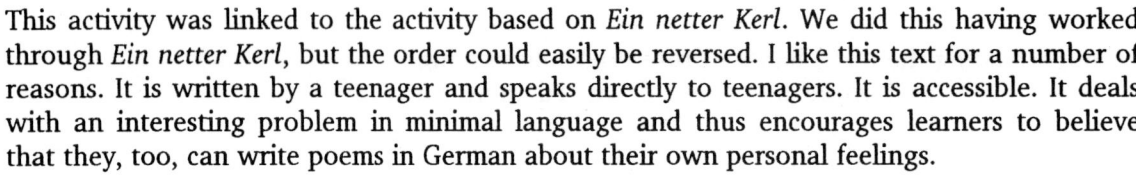

*Manchmal denke ich, ich bin gutaussehend, manchmal finde ich
mich häßlich.
Manchmal arbeite ich gut mit, und ich glaube ich bin klug.
Dann gibt es auch Tage, wo ich wenig verstehe, und wenn ich
mich mit meinen Klassenkameradinnen vergleiche, dann glaube
ich, ich bin dumm.
u.s.w.*

The class suggested other conflicting emotions. Then we read the poem. We discussed the structures suitable for expressing these conflicts:

einerseits ... andererseits
manchmal ... aber ...
du bist ... dafür bist du ...
du bist oft ...
am Montag bist du ... am Dienstag ... u.s.w.

Learner's impression

This was another very interesting topic that made you think more deeply about yourself and the knowledge of German was of secondary importance. This was probably a good job as I wasn't keen on writing a poem really.

Montag ist man müde, aber Dienstag ist man lebhaft,
Mittwoch hat man viel zu tun, und seine Hausaufgabe ist zu schwer,
... aber Donnerstag fühlt man sich sehr klug und man kann alles tun.
Und Freitag, wenn es sehr wichtig ist, sieht man häßlich aus.
Warum hat man so viele Seiten, wenn man **eine** Person ist?
Man hat nur **einen** Charakter, aber ist das richtig?
Ich weiß nicht.

(Judith C)

Was bin ich?

Ich weiß, was ich war.
Ich war ohne Gott im Dunkel,
Ich war allein.

Ich weiß, was ich bin.
Gott ist noch nicht mit mir fertig.
Ich bin in dem Licht.

Ich weiß, wo ich gehe,
Es gibt nur einen Weg;
Was wird über diesen Weg passieren?

Weiß ich nicht!

(Jane F)

An einem Tag bist du fröhlich
An einem anderen bist du's nicht.
Warum bist du so?
Ich wünsche, daß du nicht so sein würdest.
Aber es ist nicht für mich zu sagen,
Wie du dein Leben führst.

Das Leben ist so anders, von Tag zu Tag.
Ich kann es nicht verstehen,
Aber wir können nichts daran ändern.

(Kerry C)

EIN PUNKER AUF STIPPVISITE

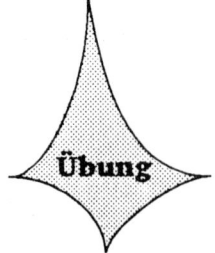

Time required: 2 hours and homework

Based on the extract from Christine Nöstlinger's *Gretchen Sackmeier.*

The purpose of this activity is to give an insight into a conflict situation through the creation of a short dramatic sketch. The requirements are: a group of at least five learners, as there are six roles. With five learners the teacher would take one of the minor roles (*Großmutter, Hänschen*). It is also possible to omit the minor roles, in which case modifications to the working materials would be necessary. The basic idea can be transferred to other texts with a different number of characters, so that teachers who are attracted by the basic concept of this activity can adapt it to groups of any size.

There are three female roles and three male roles, but it is not important for learners to have a role of their own sex. I carried out this activity very successfully with an all-girls group. The important elements in the activity are, after all, role playing, identifying with a person's feelings, and an appreciation of the affective elements in language, understanding that language is much more than 'words on a page'.

 Preparing the activity

The language used is fairly idiomatic, and it will be seen that there are obvious vocabulary problems for learners at this stage. I considered various ways of tackling this, including the production of a list of difficult items, some with explanations given, some to be found by the learners from a dictionary. In the end I gave the working materials to the group without any preparation, and invited them to ask for help if needed. In retrospect, I feel that a glossary included in the working materials might be better, so the materials are presented here in that form.

 Procedure

I   Cut the dialogue sheets on pp33/34 into individual strips and distribute a set to each group. The learners are asked to sort the slips into a meaningful sequence. It does not matter that more than one sequence is possible. Discuss the solution(s) and sort out any inconsistencies.

II   Each group rehearses the dialogue until they can say their parts fluently, with correct pronunciation and intonation.

III Give out the 'stage directions' on p35. The learners have to decide where to insert these in the dialogue by writing numbers on the lines. Again, there is more than one possible solution.

IV Now the dialogue is rehearsed again, this time taking the stage directions into account: *er schreit, er springt auf*, etc. The attitudes and motivation of the characters are discussed as the rehearsal proceeds. Finally the 'scene' is performed - we videoed ours, to give an added incentive and the groups produced excellent performances.

V The original text is now read, and compared with the interpretations produced by the groups. I think the girls in my class felt a sense of achievement in their own performance and in their ability to read with ease what is quite a difficult text.

VI Suggestions for further activities:

- Look at pictures of punks, poppers, hippies, normalos, etc to discuss and compare. (Ask your pupils to bring pictures.)
- Discuss the continuation of the story.
- Invent conversations later that evening/the next day; between Gretchen - Hinzel; Mutter - Vater; Mutter - Oma; Gretchen - Hänschen; etc.
- Discuss friends who have unusual hair styles, clothes. How do parents, teachers, employers, friends react?
- Describe a person from the story - imagine his/her appearance, personality, life experiences, etc. (homework activity?)

Dialogue sheet

OMA: Wer kann denn das noch sein? _____ _____

HINZEL: Guten Abend, Junge. Ist das Gretchen zu Hause?

HÄNSCHEN: _____ Natürlich ist Gretchen zu Hause! _____

PAPA: Wer ist denn? _____

HINZEL: _____ Guten Abend, Gretchen, mein Mädchen. _____ Entschuldigen Sie *die späte Störung* (den späten Besuch). Aber Gretchen hat so halb und halb versprochen, mich heut abend noch zu besuchen. Und weil sie nicht gekommen ist, *schau ich halt vorbei* (bin ich gekommen, um sie zu fragen), überredungshalber, sozusagen. _____ Na, was ist, Gretchen mein Mädchen? *Magst noch auf ein Stündchen* (wollen wir ausgehen?)

GRETCHEN: _____ Ich weiß nicht recht...

PAPA: _____ Was meine Tochter mag, ist *wurscht* (egal)! Es ist neun Uhr, mein *Knabe* (Junge)! Um diese Zeit geht meine Tochter nicht mehr aus dem Haus. Und mit so einem wie dir geht sie überhaupt nicht aus dem Haus. Verstanden?

HINZEL: War ja laut genug! _____ Entschuldige, *ich habe ja keine Ahnung gehabt* (ich habe nicht gewußt), was du hier für einen *Giftzwerg* (poison dwarf) *hocken* (wohnen) hast.

PAPA: _____ Hinaus! Hinaus! Aber schnell!

HINZEL: _____ *Geben sie bloß auf ihren Blutdruck acht* (just mind your blood pressure)! _____

PAPA: Wer war das? Was will der denn von dir? Wieso kommt der denn hier? Was hast du mit so einem *Affen* (monkey) zu tun? So *red* (sag, sprich) schon!

OMA: _____ Daß es so einen gibt, *hätte ich nicht für möglich gehalten* (I wouldn't have thought possible)! So was gehört ja in einen *Käfig* (cage)!

PAPA: Gretchen! _____ Gretchen, sag mir sofort, wer dieser *Abschaum* (scum) war. _____ Verdammt, tu nicht so! Ich hab dich noch nie geschlagen! _____ Kannst **du** mir vielleicht sagen, wer dieser *irre* (crazy, way out) Affe war?

MAMA: _____ Ich habe keinen Affen gesehen. Affen gibt es im Tiergarten, und dort war ich schon lange nicht mehr.

PAPA: _____ *Red* (sprich) nicht so dumm! Du weißt *doch genau* (sehr gut), daß ich diesen... diesen... *tätowierten* (tattooed) Affen mit diesem... diesem *entsetzlichen Dings* (horrible thingy) auf dem *Schädel* (Kopf) meine!

OMA: Nun sag bloß, Elisabeth, du hast den *Kerl* (fellow, bloke) nicht abnormal gefunden!

MUTTER: _____ Normal, abnormal, was sagt das schon? Einer hat *einen Pinsel auf dem Schädel* (eine Bürste auf dem Kopf, eine komische Frisur), einer einen Schnurrbart unter der Nase. *Ich misch mich da nicht ein* (I don't want to get involved)!

Anweisungen/Stage directions

1. Er *schaut* (sieht) den Papa an, irgendwie interessiert und auch ein bißchen *mitleidig* (mit Sympathie, der Papa tut ihm leid).

2. Sie zuckt mit den Schultern.

3. Er *packt* (hält mit der Hand) noch *fester* (stärker) zu.
   Er *brüllt* (schreit) sehr laut.

4. Sie *blickt* (sieht schnell) auf die Küchenuhr. Es ist fünf vor neun.

5. Er steht an der Küchentür.

6. An der Wohnungstür:

7. Sein Gesicht wird immer wutröter.

8. Sie reißt den *Zettel* (Stück Papier) mit der fertiggeschriebenen Telefonnummer vom Notizblock, reicht ihn Gretchen und sagt zum Papa:

9. Hänschen läuft zur Wohnungstür.

10. Sie *schüttelt* (shakes) den Kopf. Sie ruft:

11. Er *dreht sich um* (turns round) und marschiert durchs Vorzimmer, der Wohnungstür *zu* (towards the...). Gretchen *schaut* (sieht) ihm nach. Er steht in der Tür. *Knapp* (kurz) bevor er sie langsam *zuzieht* (schließt), winkt er Gretchen zu. Gretchen bleibt mit dem Rücken zur Küche stehen. Papa legt die Hand auf Gretchens Schulter. Die Hand *packt* (hält) *fest* (stark) zu, und *dreht* (turns) sie um. Der Papa ist hochrot im Gesicht.

12. Zu Gretchen:

13. Er nimmt wieder einen Schluck Bier.

14. Sie stammelt so leise, daß niemand hört:

15. Er ist richtig *empört* (böse, und auch beleidigt - offended)

16. Gretchen glaubt, er will sie schlagen, und hebt die Hand, um sich das Ohr zu *schützen* (protect). Der Papa sieht das und läßt ihre Schulter los. Er tritt einen Schritt zurück und stampft unwillig mit einem Fuß auf.

17. Er springt auf, *zeigt auf* (points to) die Wohnungstür hinter Hinzel und schreit:

18. Zu der Mama:

19. Gretchen steht am Küchentisch. Sie kann nicht antworten.

20. Er *brüllt* (schreit) los:

21. Er *nickt* (nods) der Mama und dem Papa und der Oma zu:

Ein Punker auf Stippvisite

1 'Wer kann denn das noch sein?' fragte die Oma mit Blick
auf die Küchenuhr, die fünf Minuten vor neun zeigte.
Hänschen lief zur Wohnungstür. Gretchen hörte Gemur-
mel. Und dann deutlich Hänschens Stimme. 'Natürlich ist
5 Gretchen zu Hause!' Richtig empört sagte Hänschen das.
'Wer ist es denn?' rief der Papa und nahm wieder einen
Schluck Bier. Gretchen wollte ins Vorzimmer, um ihren
späten Besuch zu besichtigen, aber da war der späte Besuch schon an der Küchentür.
10 'Guten Abend, Gretchen, mein Mädchen', sagte der Hinzel lächelnd. Er nickte Mama und Papa und Oma zu. 'Entschuldigen Sie die späte Störung', sagte er. 'Aber Gretchen hat so halb und halb versprochen, mich heut abend
noch zu besuchen. Und weil sie nicht gekommen ist, schau
15 ich halt vorbei. Überredungshalber - sozusagen!'
Gretchen stand ziemlich angewurzelt am Küchentisch. Zu
einer Antwort für den Hinzel fühlte sie
sich nicht fähig. Sie konnte sich nicht einmal entscheiden, ob sie eher das entsetzte Gesicht
20 der Oma anschauen sollte.
'Na, was ist, Gretchen, mein Mädchen?' fragte der Hinzel. 'Magst noch auf ein Stündchen?'
Gretchen stammelte: 'Ich weiß nicht recht...'. Sie stammelte so leise, daß es garantiert niemand gehört hatte.
25 Außerdem brüllte der Papa in diesem Moment los. 'Was
meine Tochter mag, ist wurscht!' brüllte er. 'Es ist neun
Uhr, mein Knabe! Um diese Zeit geht meine Tochter nicht
mehr aus dem Haus! Und mit so einem wie dir geht sie
überhaupt nicht aus dem Haus! Verstanden?'
30 'War ja laut genug', sagte der Hinzel zum Papa. Und zu
Gretchen sagte er: 'Entschuldige, ich hab ja keine Ahnung
gehabt, was du hier für einen Giftzwerg hocken hast!'
Der Papa sprang auf, streckte einen Arm in Richtung Hinzel, Richtung dahinterliegender Wohnungstür und schrie:
35 'Hinaus! Hinaus! Aber schnell!'
Der Hinzel schaute den Papa an. Irgendwie interessiert
schaute er. Und auch ein bißchen mitleidig. 'Geben Sie
bloß auf Ihren Blutdruck acht!' sagte er, dann drehte er
sich um und marschierte durchs Vorzimmer, der Woh-
40 nungstür zu. Gretchen schaute ihm nach. Als der Hinzel in
der Tür stand, knapp bevor er sie langsam zuzog, winkte er
ihr zu.
Gretchen blieb, der Küche den Rücken zukehrend, stehen.
Sie dachte: Was passiert jetzt bloß weiter?
45 Lange mußte sie nicht warten. Sie spürte Papas Hand auf
ihrer Schulter. Die Hand packte fest zu und drehte sie um.
Der Papa, hochrot im Gesicht, fragte: 'Wer war das? Was
will der von dir? Wieso kommt der her? Was hast du mit so
einem Affen zu tun? So red schon!'
50 Und die Oma, kopfschüttelnd und mit einem Teller in den

Händen, rief: 'Daß es so einen überhaupt gibt, hätt ich
nicht für möglich gehalten! So was gehört ja in einen Käfig! Das ist ja nicht normal!'
'Gretchen!' Die Papa-Hand packte noch fester zu. 'Gret-
55 chen, sag mir sofort, wer dieser Abschaum war!' Der Papa
brüllte so laut in Gretchens Ohr, daß für ihr Trommelfell
Perforationsgefahr bestand und sie das Ohr durch Vorhal-
ten einer Hand zu schützen versuchte. Der Papa, vielleicht,
weil ihm tatsächlich danach zumute war, mißdeutete
60 Gretchens Ohrenschützergeste als Abwehrreaktion gegen eine
drohende Ohrfeige. Er ließ ihre Schulter los, trat einen
Schritt zurück, stampfte unwillig mit einem Fuß auf und
sagte: 'Verdammt, tu nicht so! Ich hab dich noch nie geschlagen!' Dann wandte er sich an die Mama. 'Kannst du
65 mir vielleicht sagen, wer dieser irre Affe war?'
Die Mama riß den Zettel mit der fertiggeschriebenen Telefonnummer vom Notizblock, reichte ihn Gretchen und
sagte zum Papa: 'Ich habe keinen Affen gesehen. Affen
gibt es im Tiergarten. Und dort war ich schon lange nicht
70 mehr.'
'Red nicht so saudumm!' Das Gesicht vom Papa wurde
immer wutröter und wutröter. 'Du weißt genau, daß ich
diesen, diesen - diesen tätowierten Affen mit diesem, diesem - diesem entsetzlichen Dings auf dem Schädel
75 meine!'
Die Oma, noch immer ein und denselben Teller haltend,
mischte sich ein. 'Nun sag bloß, Elisabeth, du hast den
Kerl nicht abnormal gefunden!'
Die Mama zuckte mit den Schultern. 'Normal, abnormal,
80 was sagt das schon. Einer hat einen Pinsel auf dem Schei-
tel, einer einen Schnurrbart unter der Nase. Ich misch mich
da nicht ein!'

aus: Christine Nöstlinger,
© *Gretchen Sackmeier.*

Learners' impressions

Having to act out the text forced you to understand what you
were saying... you had to get the correct intonation in your
voice, etc... speaking aloud improves your accent, too, which
made up for the embarrassment of acting... All in all, I
enjoyed this bit of work.

(Rachel H)

It was interesting to make a text come alive. We learned how
to express feelings...

(Jane F)

Through acting out the sketch... I feel we learned a lot more.
It was also a good lesson in working as a group.

(Liz R)

It makes you think about how you should and shouldn't react to things like this. It was good to relate to... something which could happen to us.

(Emma W)

It was... enjoyable to do, especially coping with the mistakes. I would not like to do it very often. I am easily embarrassed, and having the performance videoed 'heightened the tension'.

(Rowena J)

I enjoyed this exercise. Doing a sketch like this we understand the characters more. Also, I found that as a class we benefited by having to work as a team to put across the feelings of characters and act out a part in German.

(Alison D)

This play helped me to understand the... language... especially when the stage directions were introduced. It helped bring out more of the emotions and feelings here. This exercise also showed how we girls could work together to get this small play finished in a matter of days.

(Kerry C)

It meant we had to think about the tones of voices and the feelings behind the words.

(Caroline B)

It was... possible to learn about such things as the expression of the words and have characters relate to one another.

(Kerry M)

This was an interesting exercise and good fun. It enabled us to use different tones of voice in spoken German and in what situations we should use them. It also reinforced the idea we had already touched on* which is the problems and communications that do or don't exist between parents and children.

(Judith C)

I quite enjoyed doing this, although I found it embarrassing as I knew it was being videoed. It also made me realise how difficult it is to read something in German and know the tone of voice that is expected... You found yourself trying to sound German.

(Nicola G)

---

*a reference to the activity: 'Warum kommst du so spät?'

WARUM KOMMST DU SO SPÄT?

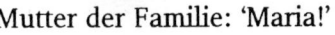

1   Mann der Familie: 'Maria, warum kommst du
    erst jetzt?'
    Tochter der Familie: 'Aber Pappi (offenbar
    eine Grußform), ich hatte mich doch noch mit
5   Sabine verabre...'
    Mutter der Familie: 'Davon weiß ich gar nichts!'
    Kleiner Sohn der Familie: 'Maria lügt,
    Maria spinnt, Maria lügt!'
    Tochter der Familie: 'Halt die Klappe
10 oder ich hau' dir eine runter!'
Mutter der Familie: 'Maria!'
Kleiner Sohn der Familie: 'Mach's doch, mach's doch,
Auuu!!' (gibt Schmerzge-
räusche von sich, Wasser läuft aus
15 seinen Augen!)
Vater der Familie: (schlägt die Tochter)
'Laß deinen Bruder in Ruhe!'
Mutter der Familie: 'Schlage doch Maria
nicht! Das hat sie nicht verdient!'

20 Tochter der Familie: 'Aber Mutti, laß
mich doch aussprechen, ich konnte...'
Mutter der Familie: 'Rede nicht da-
zwischen'
Vater der Familie: 'Brüll doch nicht so, oder willst du, daß man uns im
25 ganzen Haus hört?'
Mutter der Familie: 'Ach du, du gibst immer bloß blöde Ratschläge!'
Kleiner Sohn der Familie: (schluchzt lauter)
Tochter der Familie: (schluchzt lauter)
Vater der Familie: (verläßt brüllend das Zimmer)

30 Mutter der Familie: (fängt an zu schluchzen)
    Tochter der Familie: 'Ich wollt' doch bloß sagen,
    daß ich mich nicht mit Sabine treffen konnte, weil
    sie krank ist, und als ich zur Bushaltestelle kam,
    war der Bus abgefahren, und die fahren doch nur halb-
35 stündig, und dann war noch die U-Bahn weg. Ich ver-
    suchte euch anzurufen, aber es war dauernd besetzt...!'
    Vater der Familie (bertritt den Raum): 'Logisch,
    daß es besetzt war, ich hatte gerade Sabine ange-
    rufen, aber ihr laßt einen ja auch nie ausreden...'

Patrick Vonderau,
Schüler (geb. 1968): 'Ich besuchte die Erde'
in: Jugendliche und Erwachsene, '85, hrsg. v. Jugendwerk d. Dt.
Shell, Leverkusen 1985 Bd. 4, S 181 f.

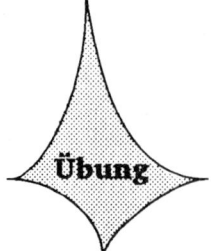

Time required: 2 hours and homework

Based on the text by Patrick Vonderau.

The aim of this activity was to examine behaviour in a conflict situation and to reach an understanding of how such a situation could be avoided. The activity is suitable for any size of class. Large classes can be divided into groups.

We began by discussing the question '*Welche Probleme haben Teenager mit ihren Eltern?*'. We listed the class's ideas on the board: not enough time spent on homework, not being home on time, clothes, hairstyle, friends, pocket money, etc. We then considered structures for expressing disapproval of someone else's behaviour, and practised these orally.

e.g.   *Warum kommst du wieder so spät nach Hause?*
Du hast dein Bett nicht gemacht.
Dein Zimmer sieht so unordentlich aus.
Du sollst mehr Zeit für Schularbeiten finden.
Ich finde, deine Haare sind zu lang.
Mußt du unbedingt mit ... ausgehen?

We then considered credible excuses (insofar as anyone ever believes excuses at all!).

e.g.   *Entschuldige, aber ich habe den Bus verpaßt.*
Entschuldige, aber ich brauchte drei Stunden, um das Haus zu putzen. Ich hatte auch keine Zeit zum Essen.

We then thought of unlikely, exotic excuses.

e.g.   *Entschuldigung, aber der Hund hat alles durcheinander gebracht.*
Entschuldigung, aber die Katze hat meinen Kuli gefressen.

After this we read the text, and discussed and noted vocabulary problems. I then gave out the following list of 'mistakes' which the members of the family make. The learners had to decide by reference to the text, who makes which mistake. (*Vater, Mutter, Tochter, Sohn*)

_____ ☒ *schreit*
_____ ☒ *kommt dem Kind nicht entgegen*
_____ ☒ *spricht beleidigend*
_____ ☒ *schlägt den anderen*
_____ ☒ *kommt zu spät nach Hause*
_____ ☒ *kümmert sich zu viel um die Meinung der Nachbarn*
_____ ☒ *mischt sich unerwünscht ein*
_____ ☒ *redet dazwischen*
_____ ☒ *brüllt*
_____ ☒ *ist kindisch*
_____ ☒ *wird emotional*
_____ ☒ *kritisiert den Ehepartner vor den Kindern*
_____ ☒ *tut das, was den Kindern verboten wird.*

For homework, the learners were asked to write a text in which the daughter comes home late, and the situation is resolved without conflict.

I have to say that this last activity did not work very well, probably because I did not set it up unambiguously. I expected a fairly short text in which the daughter was allowed to tell her story without interruption. In fact, most responses were still conflict-laden and involved. I'm sure it would work well if properly set up!

Vater:	Maria, warum kommst du erst jetzt?
Maria:	Es tut mir leid, Pappi. Ich hätte Sabine getroffen, aber sie ist krank. Wenn ich zur Bushaltestelle kam, der Bus war gefahren.
Mutter:	Du hast den nächsten Bus?
Maria:	Nein, die Busse fahren nur halbstündig. Ich bin zur U-Bahn gegangen, aber ich war zu spät.
Vater:	Warum hast du nicht angerufen? Ich würde dich treffen.
Maria:	Aber Pappi, ich versuchte euch anzurufen, aber es war dauernd besetzt!
Mutter:	Ja, ich habe mit der Mutter der Sabine gesprochen. Ich war besorgt, wenn du nicht heimkamst.
Maria:	Es tut mir leid.
Mutter:	Es ist OK. Wenigstens du bist gesund und munter.

(Emma W)

Learners' impressions

I found the exercise worthwhile when we had to re-write the text with more communication between the members of the family. It helped me to apply what I learned to the psychoanalysis of my own family.

(Jane F)

I consider the second conversation to be much more constructive. The father asks a simple question without being intimidating and the daughter is given the opportunity to give a full explanation without being interrupted. It is clear that no-one is at fault and no-one has to apologise.

(Liz R)

I didn't quite get the point for writing the argument concerning a more communicative family.

(Judith C)

In reality it wouldn't happen so smoothly, even in a family with good relations between them.

(Nicola G)

Chapter 3

I am Head of Modern Languages at King Edward's High School for Girls, Edgbaston, Birmingham (an independent school with selective entry, where a two-year GCSE course forms the foundation for 'A' level German).

When pupils enter the Sixth Form they are embarking on a new phase of their educational development. They come excited by the prospect of new courses; they expect novelty and fresh challenges. Because the learning of foreign languages is a cumulative process, language teachers are in danger of failing to recognise and meet the demand. At the start of the Lower Sixth my concern is therefore to maximise the students' enthusiasm by avoiding GCSE style material and by using adult texts which are informative and interesting as well as linguistically useful. My philosophy is to plunge in at the deep end, experience having shown that students can tackle quite difficult texts if given appropriate encouragement. It is surprising what even relatively weak students can achieve if expectations are high.

Most of my Sixth Form students have learnt their German within the school, but additional intake post-GCSE means that the degree of grammatical awareness varies considerably within any group. In my experience the weakest areas of grammar at the start of the Sixth Form are adjective endings, use of prepositions and the passive. These aspects apart, my priorities are: coverage of all the German-speaking countries, familiarisation with different linguistic registers and the development from transactional language towards analysis, debate and the formulation of abstract concepts.

The course I have devised over the years is topic-based from personal choice, not because of the dictates of the examination syllabus. The reason for this is that my aim is not merely to develop linguistic skills, but to educate students about the target culture and in so doing encourage them to discover and appreciate their own. Topical issues form the core of the programme, with particular emphasis on those which are likely to be of lasting relevance and on which they themselves hold strong views. The environment is one such example. Thus the course is both up to date and centred on the students themselves.

The texts I have chosen for this publication reflect in a variety of ways the educational aims that underlie my Sixth Form teaching. Each one is designed to be self-contained within the unit, leaving the teacher the freedom to select items appropriate to the interests and abilities of the students.

Joyce Darby
King Edward's High School for Girls,
Edgbaston, Birmingham

VERKEHR

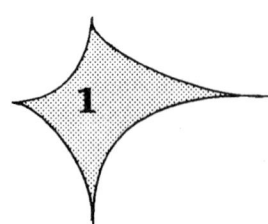

Brainstorming

Aim: to refresh basic terminology and introduce awareness of transport problems.

Method: oral questions.

e.g.   *Welche Verkehrsmittel gibt es? (öffentliche + private)*
Was sind ihre Vor- und Nachteile?
Welche dieser Verkehrsmittel werden in der Zukunft die wichtigsten sein? Warum?

★ Collect ideas on board, as below:

	Vorteile	Nachteile
öffentliche Verkehrsmittel:		
private Verkehrsmittel:		
Verkehrsmittel der Zukunft = ... , weil		

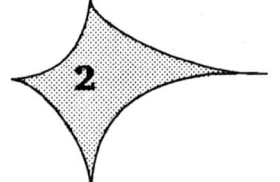

Die Bahn verbindet

Aim: to introduce topic of German reunification and examine one of the practical problems facing the new country.

Method: class activity.

★ Show pupils the photo **without** any text. Pupils describe orally what the photo portrays.

★ Reveal the title. Pupils guess who is advertising and what the title implies. Suggested questions:
Wer hat die Anzeige bezahlt?
Warum?
Was verbindet die Bahn?

★ Reveal the text below the photo. Elicit difference between DR and DB (Deutsche Reichbahn = the former rail system of the GDR, which kept the pre-war name of the German railway; Deutsche Bundesbahn = West German Railways).
Elicit and/or explain historical background:
e.g. *Warum gibt es zwei Eisenbahnnetze in Deutschland?*
Wie lange war Deutschland getrennt?
Wann war die Wiedervereinigung Deutschlands?

★ Explain problems of united Germany:
e.g. *Mangel an Infrastruktur in der ehemaligen DDR .*
Asbau des Straßennetzes nötig.
Ausbau des Eisenbahnnetzes nötig.
Unkosten? Wer bezahlt?

★ Explain that the advert appeared Autumn 1990, just before unification.
Elicit further meanings implied by title:
e.g. *Wieviele Bahnnetze wird es in Zukunft geben? Warum?*
Was wird die Bahn verbinden? (welche Städte/Leute/Länder?)

Sammeltaxis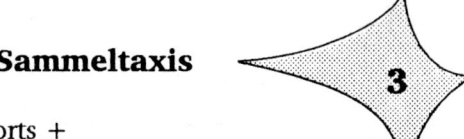

Aim: gentle introduction to newspaper reports + expansion of vocabulary.
Method: class activity.

★ Swift reading of text. There should be little new vocabulary (except *'pendeln' = hin und her fahren*).

Task I-II work in rough; compare answers in group.

Task III Lückentext could be done orally with good pupils.

Answers:

1. Neues	6. als	11. möglich	16. auch
2. Sammeltaxis	7. Bahn	12. solchen	17. den
3. billiger	8. mehr	13. vom	18. zu
4. Einzeltaxis	9. zusammen	14. bis	19. St. Pancras
5. viel	10. um so	15. die	

Nürnberger Flughafen

Aim: to increase awareness of syntax; to practise reading comprehension skills.
Method: class activity plus homework.

Task I   class activity.
   a. Pupils must read the English version carefully first.
   b. Warn pupils that the English is a very **rough** translation and only for their guidance.
   c. Remind pupils that phrases must fit together grammatically.
   d. To save pupils writing out the correct version, enlarge the master and cut the phrases into individual cards for pupils to assemble.
   e. When puzzle is solved, discuss new vocabulary, e.g. break down compound nouns.

Task II   best prepared as homework, then discussed in class.

Task III   best prepared as homework, discussed in class, then completed for a second homework.

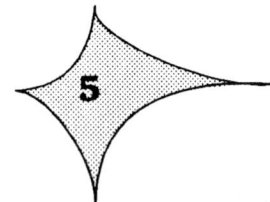

Bei Landung vergaß Pilot das Fahrwerk

> **Aim:**   oral practice, note-taking, expansion and manipulation of vocabulary.
>
> **Method:** class activity plus homework.

Task I   class activity. Read text with class first to check for new vocabulary.

Task II - III possible homework tasks.

Task IV   pupils may require help with emotional language. Divide roles of officials and private citizens between pupils. Role preparation possibly as homework.

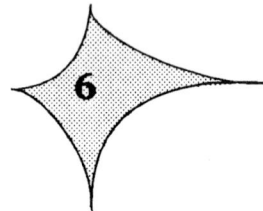

Wie Weihnachten und Ostern zugleich

> **Aim:**   *Landeskunde* (recent history and geography); reading comprehension practice; introduction to précis writing; revision/introduction of grammar.
>
> **Method:** read text with pupils, explaining terminology, e.g. *Kreisstadt, Trabis*, names of regions. (Map of divided Germany advisable.)

Task I   class activity.

Task II   a homework task, best prepared in class (agree on and underline key facts etc).

Tasks III-VI class or homework activity, depending on ability of pupils.

Task VII   private research (only possible if pupils have access to adequate reference books); divide tasks between pupils; each one reports back to group.

Wildwest auf DDR-Straßen

Aim: *Landeskunde* (unification problems); reading comprehension practice; oral practice in arguing a case.

Method: class activity and/or homework.

Task I class activity. (NB. This article appeared summer 1990. A map of the two Germanies is useful.)

    a. Pupils describe photo. Explain *Trabi* and location of Rostock, Dinslaken.

    b. Read text with pupils. Explain new vocabulary and terms, e.g. *Staatsterror, Transitautobahn*. Remind of date of opening the frontier: November 1990.

    c. Pupils underline most important phrases/facts, then summarise text orally with minimal reference to text.

Task II class activity and/or homework (explain *Vopos = Volkspolizisten*).
Pupils do one text in class and other (*'Polizei in der DDR'*) for homework, or divide class into two groups, allot one text to each.

Answers to Lückentext 1:

1. lenkte	10. gab
2. blinken	11. verlor
3. fuhr	12. prallte
4. erlitt	13. kam
5. stellte	14. wurde
6. verhaftet	15. wurden
7. droht	16. verletzt
8. raste	17. wird
9. stellen	

Answers to Lückentext 2:

1. sein	9. holen
2. weiß	10. klopfte
3. schlief	11. ist
4. krachte	12. nahm
5. überschlug	13. bat
6. stürzte	14. bringen
7. kroch	15. meinte
8. half	16. lassen

Task III class activity or homework. Break down compound nouns first to ensure comprehension.

Task IV class activity, but could be prepared for homework.

Die Bahn verbindet.

DR DEUTSCHE REICHSBAHN   Deutsche Bundesbahn   DB

Sammeltaxis von Heathrow in die City

'Taxi-sharing' ist die neue, billige Art, in London Taxi zu fahren. Vom Flughafen Heathrow in die Innenstadt bietet sie eine Alternative zur langsamen Bahn und zum teuren Einzeltaxi. Vom 'Shared-taxi'-Stand vor dem Terminal eins kostet die Fahrt nach London West sechs bis zehn Pfund, nach London Ost sieben bis zwölf Pfund, je nach Anzahl der Fahrgäste. Von sofort an verkehren Sammeltaxis auch zwischen verschiedenen Bahnhöfen, allerdings auf festgelegten Strecken: Für 1,80 Pfund pro Passagier pendeln die Cabs zwischen Paddington, Euston, St. Pancras, King's Cross und Waterloo.

I   Leseverständnis

Beantworten Sie diese Fragen:

1. Definieren Sie den Begriff: Taxi-Sharing.
2. Auf welchen Strecken findet man dieses System?
3. Welche Möglichkeiten gibt es jetzt, vom Flughafen Heathrow in die Innenstadt zu fahren?
4. Was sind die Vorteile des neuen Systems?
5. Wovon hängt der Preis der Sammeltaxifahrt ab?

II Synonyme

a. Es sind vier Synonym-Paare im Text. Suchen Sie sie.
b. Suchen Sie im Text nach Synonymen für:

| preiswert | fahren | ab sofort | das Stadtzentrum |
| kostspielig | die Weise | freilich | hin- und herfahren |

III Lückentext

Füllen Sie die Lücken aus:

Jetzt gibt's was _____ in London: _____ . Sie sind _____

als _____ und _____ schneller _____ die _____ .

Je _____ Fahrgäste _____ fahren, _____ billiger ist die

Fahrt. Es ist jetzt _____ , mit _____ Sammeltaxis _____

Flughafen Heathrow _____ in _____ City und _____

zwischen _____ folgenden Bahnhöfen _____ fahren: Paddington,

Euston, King's Cross, _____ und Waterloo.

solchen	Sammeltaxis	Einzeltaxis	zu	bis
St. Pancras	auch	möglich	vom	viel
Neues	mehr	den	als	die
Bahn	billiger	zusammen	um so	

Nürnberger Flughafen

Um das Gebäude auch · wurden für die unweltfreundliche · in fünf Geschossen · der Bundesrepublik Deutschland · in Deutschland · das erste Parkhaus · des Parkhausdienstes bereit. · am Nürnberger Flughafen · Es ist · Pflanztrögen · wurde in einer Rekordbauzeit · besonders · im Sichtbereich · landschaftlich einzupassen · mit Ultraschall-Einzelplatzkontrolle. · mit Rank- und Hängepflanzen · Gestaltung · stehen · von acht Monaten · Für Frauen · der Parkhausebene 0 · Auf versetzten Ebenen · markierte Parkplätze in · errichtet. · ausgegeben · Ein modernes Parkhaus · Das modernste Parkhaus · 1.5 Millionen Mark · geschaffen. · wurden 1000 Stellplätze

I Stellen Sie den zerschnittenen Text wieder zusammen.

Benutzen Sie die folgende englische Übersetzung, um die durcheinandergeratenen Satzteile richtig einzuordnen.

A modern parking building

The most modern parking building in the Federal German Republic was erected at Nuremberg Airport in a record time of eight months. A thousand available places were created at displaced levels on five floors. It is the first multi-storey car park in Germany to have individual ultrasonic placing control. For women: there are specially designated parking places on 'O' level within sight of the attendants. A total of 1.5 million Marks has been spent to help the building blend into the landscape, with plant troughs and both climbing and hanging plants creating an environmentally friendly effect.

II Leseverständnis

Lesen Sie den deutschen Text noch mal durch und beantworten Sie die folgenden Fragen:

1. Worum geht es in diesem Artikel?
2. Warum sollten Nürnberger stolz auf ihren Flughafen sein?
3. Was ist bemerkenswert an diesem Projekt?
4. Warum werden Reisende es jetzt leichter haben?
5. Ist dieses Parkhaus einmalig in Europa?
6. Welche Auswirkung sollen die Pflanzen haben?
7. Warum hat man wohl spezielle Parkplätze für Frauen eingeplant?
8. Gibt es solche Frauenparkplätze in den Parkhäusern in Ihrer Stadt? Wenn nicht, warum nicht?

III Briefe schreiben

a. Schreiben Sie einen Brief an die Stadtbehörden, in dem Sie für spezielle Frauenparkplätze in den Parkhäusern argumentieren. Sie müssen Ihr Verlangen rechtfertigen!

b. Die Stadtbehörden wollen ein Riesenparkhaus bauen. Sie schreiben einen Protestbrief in der Hoffnung, den Bau zu verhindern. Ziehen Sie dabei folgendes in Betracht:

- Aussehen des Gebäudes (Form, Farbe, Baustoff usw)
- Stelle, wo gebaut werden soll (Zugang, Verkehrsprobleme, Anlieger usw)
- Baukosten
- Parkgebühren
- Öffnungszeiten
- Anzahl der geplanten Stellplätze
- andere Parkmöglichkeiten, die schon vorhanden sind
- eine Alternative, die das Parkproblem auf günstigere Weise lösen könnte.

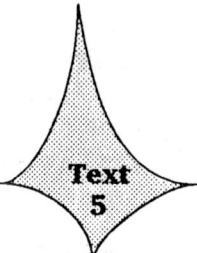

Text 5

Wachsamer Fluglotse verhinderte Unglück

Bei Landung vergaß Pilot das Fahrwerk

London (dpa/UPI). – Ein wachsamer Fluglotse hat auf dem Londoner Flughafen Heathrow eine Katastrophe verhindert, als er den Landeanflug eines Großraumflugzeuges mit 380 Passagieren an Bord stoppte. Die Boing 747 der amerikanischen Luftfahrtgesellschaft TWA kam aus New York und flog die Landebahn von Heathrow an. Der Fluglotse beobachtete, daß die Boeing in einer Höhe von 80 Meter das Fahrwerk noch nicht ausgefahren hatte. Sofort funkte er der Besatzung: „Sie haben vergessen, das Fahrwerk auszufahren."

Der Pilot unterbrach abrupt sein Landemanöver und riß die Maschine hoch. Die Boeing setzte wenig später sicher auf dem Flughafen auf. Die Passagiere stiegen mit leichenblassen Gesichtern aus. „Wir fühlten schon fast den Boden unter den Füßen, als es plötzlich wieder steil nach oben ging", berichtete ein Fluggast.

Die TWA suspendierte sofort den Piloten, einen Amerikaner, der eine 20jährige Flugerfahrung hat, sowie den Copiloten und den Bordingenieur. Sie wurden nach New York zurückgeflogen, wo sie sich einer Untersuchung des Vorfalls stellen müssen. Ein Sprecher der Luftfahrtbehörde sagte: „Diese Art von Zwischenfällen kommt sehr häufig vor, aber es hätte sehr gefährlich werden können." Die 300 Tonnen schwere Maschine sei nur 45 Sekunden vor der Landung gestoppt worden. Der Fluggesellschaft sei dies vorher noch nie passiert.

Eine Serie von Beinahe-Unfällen hat die Fluggäste aufgeschreckt: Erst am 9. Juli waren ein Airbus und eine DC-10 nahe den Bermuda-Inseln in 11 000 Meter Höhe dicht aneinander vorbeigerast. Am Tag zuvor konnte ein vollbesetztes Großraumflugzeug auf dem Weg von London in die USA in letzter Sekunde unter dem Bauch eines anderen Flugzeugs „wegtauchen". Der Pilot einer Spantax-Maschine legte auf dem Köln-Bonner Flughafen eine Bauchlandung ohne Fahrwerk hin. 139 deutsche Mallorca-Urlauber werden diesen Zwischenfall nicht vergessen.

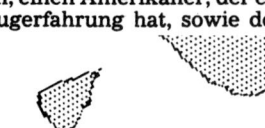

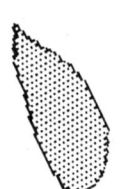

I   Mündliche Zusammenfassung

a. Schreiben Sie Notizen über die vier Zwischenfälle:

Stätte
Maschinentyp
Was beinahe geschah
Wie ein Unglück verhindert wurde
Reaktion der Passagiere

b. Lesen Sie den Text noch mal durch, legen Sie ihn beiseite und berichten Sie über die Zwischenfälle mit Hilfe Ihrer Notizen.

II   Umschreibungsaufgabe

z.B. die TWA suspendierte den Piloten = die TWA entließ den Piloten aus dem Dienst.

Schreiben Sie diese Auszüge aus dem Text um:

ein wachsamer Fluglotse
mit 380 Passagieren an Bord
in einer Höhe von 80 Metern
riß die Maschine hoch
wenig später
mit leichenblassen Gesichtern

der eine 20-jährige Flugerfahrung hat
diese Art von Zwischenfällen kommt sehr häufig vor
die 300 Tonnen schwere Maschine
am Tag zuvor
auf dem Weg von ... in ...

III Synonyme

Suchen Sie im Text und im Lexikon nach Synonymen für die folgenden Wörter:

der Passagier _____

die Fluggesellschaft _____

die Maschine _____

der Vorfall _____

der Sprecher _____

vollbesetzt _____

sofort _____

beobachtete _____

aufsetzen _____

abrupt _____

IV Rollenspiele

a. Sie sitzen im Flugzeug unterwegs nach Ihrem Urlaubsziel. Vom Fenster aus sehen Sie plötzlich Flammen am Ende des Flügels. Von Panik ergriffen rufen Sie die Stewardeß ...

b. (zu dritt) Sie fliegen von Europa nach Amerika. Die Hälfte des Flugs ist vorbei. Auf der anderen Seite des Gangs sitzt ein Mann, dessen Benehmen Ihnen verdächtig vorkommt. Sie rufen die Stewardeß... Eine Auseinandersetzung folgt. Spielen Sie die Szene zu Ende.

c. Bei der Zollkontrolle werden Sie angehalten. In Ihrem Koffer werden Packungen gefunden, die Sie noch nie gesehen haben. Sie enthalten Drogen. Versuchen Sie, Ihren Standpunkt gegenüber dem Beamten zu verteidigen.

Text 6

Wie Weinhnachten und Ostern zugleich

„Ich habe es nicht glauben können, trotzdem bin ich gleich im Auto losgefahren", erzählt der 24jährige Olaf aus Eisenach, der in Erfurt Pädagogik studiert. Am Donnerstag, dem 9. November 1989, habe er gegen 21 Uhr von Freunden erfahren, daß die Grenze für DDR-Bürger geöffnet werde. Zum ersten Mal in seinem Leben nahm er in Eisenach die andere Autobahnauffahrt. Doch der Grenzübergang Wartha-Herleshausen war noch geschlossen. Mit klopfendem Herzen bestand er auf seinem Recht, und gegen 1.30 Uhr in der Nacht öffnete sich der Schlagbaum. Durch die schlafende Kreisstadt Eschwege kurvten die ersten hupenden Trabis. „Obwohl ich eigentlich nichts erlebt habe, war das mein schönster Ausflug - ein Tag wie Weihnachten und Ostern zugleich", kommentiert Olaf. An den folgenden aufregenden Tagen kamen Hunderttausende aus Thüringen. Zwei Dutzend neuer Übergänge wurden umgehend eröffnet. Freudenfeste, spontane Hilfsaktionen und am Sonntag geöffnete Geschäfte empfingen die Nachbarn aus dem „ganz nahen Osten". Verkehrschaos und leergekaufte Läden wurden in einem Taumel der Freude über das Unglaubliche hingenommen. Inzwischen hat sich die Lage normalisiert. Seit Weihnachten 1989 können die Bundesbürger ohne Pflichtumtausch und Visum nach drüben. Die gegenseitigen Besuche gehören zum Alltag. Im Vordergrund steht jetzt die praktische Arbeit: grenzüberschreitender Straßen- und Schienenbau, neue Verkehrs- konzepte. Umweltschutzmaßnahmen an der Werra. Naturschutz in der Rhön. Kooperation auf wirtschaftlichem und politischem Gebiet. Bereits wenige Wochen nach den historischen Tagen im November ist die deutsche Einheit - zumindest in der grenznahen Region zwischen Hessen und Thüringen - bereits erlebte Realität.

I   Die Synonyme sind im Text:

1. sagt _____

2. herausgefunden _____

3. zu _____

4. nachts _____

5. provisorisch _____

6. Geschäfte _____

7. täglichen Leben _____

8. Gebiet _____

II   Schreiben Sie eine Kurzfassung des Berichts

1. Olaf am 9.11.89
2. neue Übergänge
3. praktische Zusammenarbeit

III Verformen

In der Tabelle sind Verben, die im Text vorkommen. Füllen Sie die Lücken aus!

Partizip präsens	Infinitiv	Präsens	Imperfekt	Perfekt
				ich bin losgefahren
		er erzählt		
		er studiert		
				er hat erfahren
			er nahm	
klopfend				
			er öffnete	
schlafend				
			sie kurvten	
hupend				
				ich habe erlebt
		er kommentiert		
folgend				
aufregend				
			sie empfingen	
		sie gehören		
		sie steht		
schreitend				

IV Adjektive

Setzen Sie die Adjektivendungen ein. Aufpassen! Die Sätze sind nicht genau wie im Text.

1. Dies was das erst _____ Mal, daß Olaf über die deutsch-deutsch _____ Grenze fuhr.
2. Als er den geschlossen _____ Grenzübergang sah, bekam er Angst.
3. In der schlafend _____ Stadt hörte man hupend _____ Trabis.
4. Olaf hatte einen schön _____ Ausflug.
5. In der nächst _____ Zeit passierten Hunderttausende die Grenze.
6. Ab Weihnachten 1989 beschäftigten sich beid _____ Staaten mit der praktisch _____ Arbeit.
7. Die Bürger mußten sich an neu _____ Verkehrskonzepte gewöhnen.
8. Ein grenzüberschreitend _____ Straßennetz wurde geplant.
9. Die wirtschaftlich _____ und politisch _____ Situation änderte sich schnell.
10. Am dritt _____ Oktober 1990 feierten die Deutsch _____; der Traum der deutsch _____ Einheit wurde zur Realität.

V Partizip Präsens

Das Partizip Präsens wird oft als Adjektiv verwendet, z.B. 'die schlafende Kreisstadt'. Bilden Sie das Partizip Präsens und verwenden Sie es als Adjektiv:

z.B.	*schlafen*	*schlafend*	*die schlafende Kreisstadt*
	bellen		der _____ Hund
	warten		die _____ Passagiere
	rasen		das _____ Auto
	quietschen		mit _____ Bremsen
	auffallen		ein _____ Gesicht
	fahren		die langsam _____ Autoschlange
	gehören		die zum Alltag _____ Besuche

VI das Passiv

z.B. Passivform: Neue Übergänge wurden eröffnet.
im Aktiv: Man eröffnete neue Übergänge.

Aufgabe: folgende Aktivsätze umschreiben. Bilden Sie Passivsätze.

1. Endlich öffnete man den Grenzübergang.
2. Am Sonntag öffnete man die Geschäfte.
3. Man veranstaltete Freudenfeste.
4. Man organisierte Hilfsaktionen.
5. Man kaufte die Läden leer.
6. Man verlangt jetzt keinen Pflichtumtausch mehr.
7. Man besucht Verwandte auf der anderen Seite der Grenze.
8. Man denkt neue Verkehrskonzepte aus.
9. Man führt Maßnahmen ein.
10. Man schützt die Umwelt.
11. Die Soldaten haben den Schlagbaum geöffnet.
12. Die Behörden haben neue Grenzübergänge eröffnet.
13. Die Westdeutschen haben die DDR-Bürger mit Freude empfangen.
14. Die DDR-Bürger haben die Läden leergekauft.
15. Beide Staaten haben die praktische Arbeit unternommen.

VII   Recherchen

a. Im Text werden mehrere Städte und Regionen erwähnt. Schauen Sie im Atlas nach, um folgendes herauszufinden:

Wo liegt: Erfurt _____

Eisenach _____

Eschwege _____

Thüringen _____

Hessen _____

die Rhön _____

b. Hessen ist eines der alten Bundesländer.

1. Wie heißen die anderen?
2. Wie heißen die Länder auf ostdeutschem Boden, die hinzukamen, als Deutschland im Oktober 1990 wiedervereinigt wurde?
3. Welche Länder sind Stadtstaaten?

c. Wie heißt jetzt die deutsche Hauptstadt?
Was war vor dem dritten Oktober 1990: die Hauptstadt der DDR?
die Hauptstadt der Bundesrepublik?

Text 7

Wildwest auf DDR-Straßen.
Chaos, Tote, hilflose Vopos:

Wildwest-Stimmung auf den Straßen der DDR. Raserei, Unfälle, Streitereien: „Seit Öffnung der Grenzen fahren manche hier rum wie die Hottentotten", stöhnt Polizeiobermeister Dieter Hasse (40), Unfallsachbearbeiter bei der Verkehrsgruppe am Hermsdorfer Kreuz zwischen Hirschberg und Leipzig.

Bürger Ost, endlich befreit vom Staatsterror, treten ebenso losgelöst aufs Gas wie Bürger West.

Das Ost-West-Verkehrschaos hat schlimme Folgen: Allein während der vier Osterfeiertage starben auf den Straßen in der DDR 29 Menschen. Das sind doppelt so viele wie an Ostern 1989. Die Zahl der Verkehrsunfälle erhöhte sich mit 672 um mehr als ein Drittel, 574 Menschen wurden verletzt.

Laut neuester Statistik des DDR-Innenministeriums werden zwei Drittel der Unfälle von Westdeutschen verschuldet. Und zwar durch:

● überhöhte Geschwindigkeit,
● Alkohol am Steuer,
● Übermüdung,
● Mißachtung der Vorfahrt.

Den Geschwindigkeitsrekord stellte ein BMW-Fahrer aus Bayern auf: Mit 197 km/h bretterte er über die Transitautobahn Hirschberg-Berlin. Erlaubt ist Tempo 100. Strafe: 500 Mark, zahlbar auch in Ostmark.

In Rostock mißachtete ein Fiat-Fahrer aus Dinslaken die Vorfahrt, rammte einen Trabi. Ein DDR-Bürger regelt nach dem Unfall den Verkehr

II   Lückentexte

In diesen Texten fehlen die Verben.
Setzen Sie in jede Lücke das passende Verb ein.

Lückentext 1

Werner Bolduan (49) aus Hornburg (Kreis Wolfenbüttel) _____ am Morgen nach einer Geburtstagsfeier seinen VW Golf in Rimbeck (DDR) auf einen Parkplatz - ohne zu _____ . Ein Motorradfahrer _____ hinten auf, _____ bei dem Unfall einen Oberschenkelhalsbruch.

Die Polizei _____ bei Bolduans Blutprobe einen Restalkoholgehalt fest. Der Maler wurde _____ .

Ihm _____ Anklage wegen fahrlässiger Körperverletzung mit einer Haftstrafe von bis zu zwei Jahren.

Bei Rostock _____ ein Westdeutscher in einem weißen Mercedes-Leihwagen mit über 120 Sachen durch eine geschlossene Ortschaft.

Die Polizei: 'Als wir ihn _____ wollten, _____ er noch mehr Gas'. Bei der Verfolgungsjagd auf der Fernstraße 105 (Richtung Warnemünde) _____ der Mercedesfahrer bei Tempo 150 die Kontrolle über den Wagen. Er _____ gegen zwei Laternenmasten, dann gegen einen Baum. Im Wrack des Mercedes _____ ein Insasse ums Leben, einer _____ schwer, zwei _____ leicht _____ . Gegen den Fahrer _____ ermittelt wegen fahrlässiger Tötung.

prallte		wird
lenkte		verlor
blinken		verletzt
kam		stellen
wurden		droht
fuhr		verhaftet
wurde		stellt
gab		raste
erlitt		

Lückentext 2

Wie nett die Vopos _____ können, _____ Norbert Schneider (21) aus Euskirchen (Eifel) spätestens seit Ostermontag. Auf der Autobahn A 7 (Dresden-Eisenach) _____ er am Steuer seines grünen Audi 80 ein. Bei Kilometer 173,7 _____ der Energieanlagenelektroniker gegen den Bordstein, _____ sich und _____ eine Böschung hinunter.

Unverletzt, aber völlig verstört _____ Schneider aus dem Wrack. Vopo-Obermeister Günter Lapatsch _____ ihm, seine Sachen aus dem Auto zu _____ , _____ ihm beruhigend auf die Schulter: 'Nu, is ja alles nich so schlimm. Hauptsache, Ihnen _____ nichts passiert.'

Der Polizist _____ Schneider in seinem Dienst-Wartburg mit zur nächsten Raststätte, _____ einen Lasterfahrer, ihn in den Westen zu _____ . Günter Lapatsch _____ lächelnd: 'Wir _____ doch den Bürger nicht im Stich.'

bat		stürzte
überschlug		lassen
ist		meinte
sein		klopfte
bringen		holen
nahm		weiß
half		krachte
schlief		kroch

III   Versuchen Sie, die Bußgelder in der DDR in Sätzen zu erklären.

z.B.: Wenn man auf der Autobahn wendet, ...

Bußgelder in der DDR	STRAFE
VERGEHEN	
Geschwindigkeitsübertretung bis 20 km/h	10–150 Mark
Geschwindigkeitsübertretung über 20 km/h	150–500 Mark
Überholen im Überholverbot	10–300 Mark
Mißachtung der Vorfahrt	10–300 Mark
Wenden auf der Autobahn	75–150 Mark
Fahren ohne Mitführen des Führerscheins	bis 150 Mark
Alkohol am Steuer ohne Verkehrsgefährdung	150–1000 Mark
mit Verkehrsgefährdung	Strafverfahren, Geldstrafen von mehreren tausend Mark
Verschulden eines schweren Unfalls	Strafverfahren

● Die Strafen sind zahlbar in Ostmark, allerdings muß ein Umtauschbeleg der Staatsbank vorgelegt werden, sonst kann die Polizei Westmark verlangen.
● Eintragungen in die Flensburger Verkehrssünderkartei gibt es bei Vergehen in der DDR nicht.
● Die Fahrerlaubnis von Westdeutschen kann von DDR-Behörden nicht eingezogen werden, allerdings kann ein Fahrverbot auf dem Gebiet der DDR von bis zu mehreren Jahren ausgesprochen werden.

IV   Rollenspiele

● Unfall
Sie haben einen schweren Autounfall gehabt. Telefonieren Sie. Sie brauchen dringend Hilfe.

● Parkverbot?
Fahrer 1: Sie haben Ihr Auto vor einer Einfahrt abgestellt und es 45 Minuten dort stehen lassen. Sie finden Ihr Verhalten aus mehreren Gründen vollkommen gerechtfertigt.
Fahrer 2: Es ist schon das dritte mal, daß dieses Auto vor Ihrem Haus steht und die Ausfahrt blockiert. Diesmal haben Sie es satt. Sie sind wütend auf den anderen. Was sagen Sie? Was machen Sie? (Ausschimpfen? Bedrohen ???)

● Unfall
Der Wagen des Fahrers A hat Totalschaden, der des Fahrers B ist schwerbeschädigt. Beide werden von einem Polizisten ausgefragt.
Fahrer A: Ihr Standpunkt: Gewartet. Bei grün angefahren. Auto von links herangerast. Keine Chance auszuweichen. Zusammengeprallt.
Fahrer B: Ihr Standpunkt: Ampel schon auf grün, deshalb durchgefahren, ohne zu bremsen. Geschwindigkeit etwa 50 km.
Polizist: Ihre Fragen: Verletzungen?
Zeugen?
Beifahrer?
Alkohol?
Länge der zurückgelegten Fahrt?
Geschwindigkeit?
Richtige Funktionierung der Ampel?
Nicht vergessen: Sie wissen, daß Fahrer B eben mit 120 km durch eine Radarfalle gefahren ist.

WOHNEN

Brainstorming

Aim: to revise basic topic vocabulary and generate ideas.
Method: class activity.

★ Collect on board spontaneous reactions to the question:

Was fällt euch zum Thema **Wohnen** *ein?*

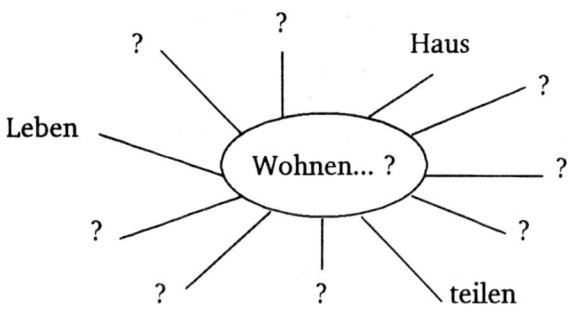

Viele Architekten gehören in die Naßzelle*

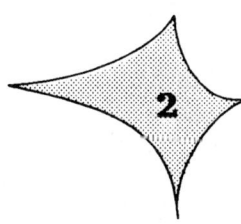

Aim: to stimulate ideas on accommodation, housing needs
               etc as an introduction to other texts.
Method: class activity.

★ Show picture **without** text. Stimulate analysis of photo by questioning:
     Was wird im Bild dargestellt?
     Wie heißt ein solches Gebäude?
     Woran erinnert es?
     Wie reagieren Sie auf dieses Bild? Warum? (Gründe für diese Reaktionen analysieren.)
     Welche Gefühle werden in Ihnen beim Anschauen des Bildes wach?

★ Reveal the text. Explain and discuss its connection with the photo.

---

* *Naßzelle* is architectural jargon for bath/showerroom as well as a colloquial expression for
Irrenanstalt.

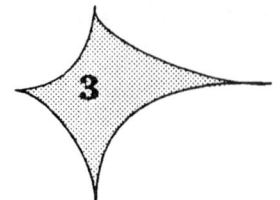

Wohnen in Deutschland - ein Trauerspiel

Aim: introduction to Wohnungsnot topic;
             practice in oral exposition of texts.
Method: group work.

Task I   Two groups, each working on a different text, try to find answers to the questions. Each group reports back to the other, summarising the content of their article.

Task II   a short class activity, perhaps on a competitive basis between the groups.

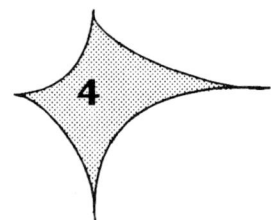

Endlich eine Wohnung

Aim: to practise summarising and manipulating material.
Method: class activity.

Read text in class. Terms needing explanation: *Stammkneipe, Vertrag, Kaution, Anzeige erstatten.*

Task I   possible procedure:
             a. Oral questions on main points of text.
             b. Pupils select and underline essential parts of text (could be group work). Selections are compared and class agrees on final selection. Homework: writing summary.

Task II   class activity to reinforce work done on text.

Tasks III-IV could be homework. Task III is intended to give practice in intelligent use of dictionaries.

★ Further suggestions: Use examples of indirect speech for revising/teaching subjunctive uses.

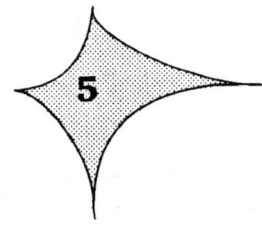

Pro und Contra:
mit den Eltern unter einem Dach wohnen

Aim: oral practice (interviewing).
Method: group work. Linguistic level easy, so little help needed except:
           e.g.   *flügge = selbständig*
                 beisteuern = beitragen
                 ehe man sich versieht = überraschend schnell
                 Reiberei = Streiterei

★ One group receives *Pro* material, another the *Contra* material. Aim for each group is to find out as much as possible about the circumstances and attitudes of the interviewee by questioning the other group. Degree of help needed will depend on the level of the groups:

To better groups give only a brief list of key areas:
e.g.   *Wohnverhältnisse? Unabhängigkeit? Finanzielle Seite?*
       Einstellung der Eltern? Probleme mit Besuch? Hausarbeit?
       Zusammenfassend: Vorteile/Nachteile der Situation?

To weaker groups give specific tasks to accomplish:
e.g.   *Ihr müßt herausfinden - wo sie wohnt; warum sie dort wohnt; wie alt sie ist;*
       inwiefern sie abhängig von den Eltern ist; etc.

★ Further suggestions: general discussion on topic. Comparison of trend in Britain and Germany. Why? Personal preferences and justification etc.

Die grüne Hauptstadt: Erlangen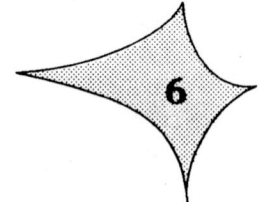

Aim: oral practice; introduction to topics of *Leben in der Stadt* and *Umwelt*; information about environmental awareness in Germany and comparison with Britain.

Method: class activity. Initial joint work on text is necessary: syntax is easy but vocabulary somewhat specialised.
e.g.   *Entsorgung = Abtransport + Verarbeitung*
       Biotop = kleines Gebiet, wo die Natur gedeiht und geschützt wird
       Prädikat = Beurteilung
       Anlage = Installation
       betreuen = sorgen für

★ Oral questions on text:
e.g.   *Warum wird hier über Erlangen berichtet?*
       Warum hat Erlangen einen Preis bekommen?
       Wo liegt die Stadt?
       Wie hat die Stadt ihre Verkehrsprobleme gelöst?
       Warum lohnt es sich in Erlangen, Bioabfälle selbst zu kompostieren?
       Was zeigt, daß die Stadt ein Recycling-Programm hat?
       Wie hat die Stadt versucht, die Luftqualität zu verbessern?

Task I   Radfahren in der Stadt

Could be set as homework; ideas then pooled in class. For a less personalised approach, divide class into groups. Group 1 prepares arguments **for** promoting cycling in town, group 2 arguments **against**. Class debate.

Task II   Intended as homework. Time needed to discover facts.

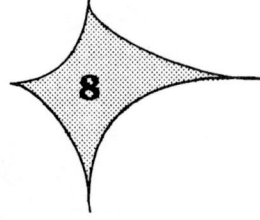

Baubiologie in der Schweiz

(NB. This and the next four texts are intended to constitute a self-contained mini-unit)

Aim: to lay groundwork for *Umwelt* topic; to inform about Swiss initiatives.

Method: class activities.

★ Brainstorming session. Pupils are given the term *Baubiologie* and speculate on its possible meaning. Collect ideas on board.

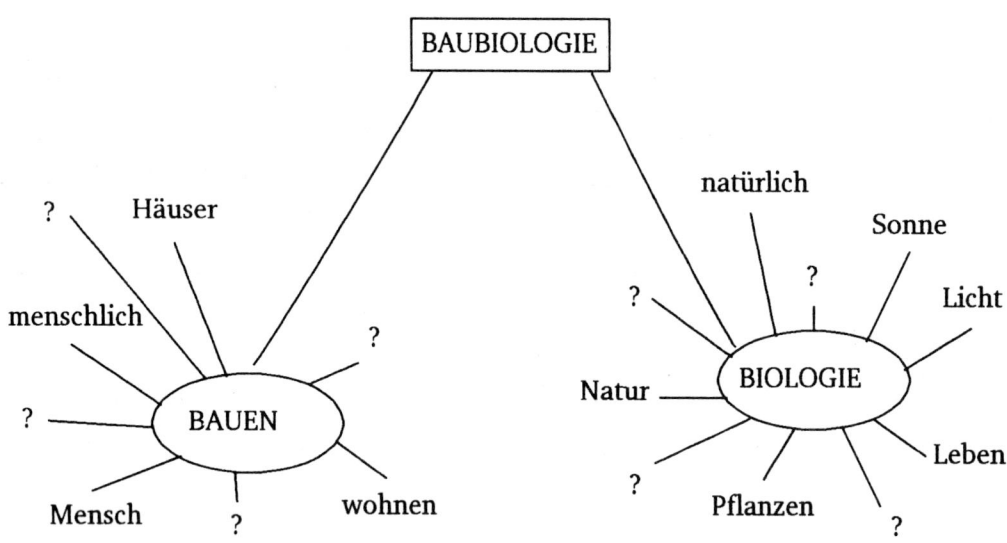

★ Read text together. (NB. no 'ß' because text printed in Switzerland.)
   A few explanations will be necessary:
   e.g.   *gezogen = kultiviert*
          Anhänger = Befürworter
          unter Einhaltung = nach
          Äußerlichkeiten = Aussehen

Tasks I-II   in class or for homework.

★ Further suggestion: exploration of verbal noun formations (*Wohnen, Bauen* etc).

Gesund vom Dach bis zum Fundament: ein stilvolles Haus

Aim :   to practise reading comprehension skills and manipulation of vocabulary; to expand vocabulary.

Method: class activity plus homework.

★ Class activity. Read text together. Map needed to point out Bodensee, Vorarlberg. Expressions needing explanation:

Erkenntnisse = Wissen
angesprochen = angezogen
Prunkstück = das Schönste
ein Hauch vom = ein klein wenig wie/eine Erinnerung an

Tasks I - II   either as class activities or for homework.

★ Further suggestions: grammar - practice of passive; use of *sich lassen*; use of participles as adjectives.

Geschichte der Baubiologie

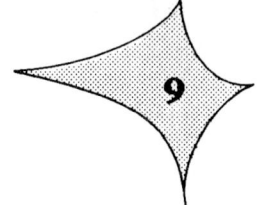

Aim: manipulation of language; practice in summarising information.
Method: class activity plus homework.

Task I   class activity. Because this is a more difficult text, careful translation of first half is needed before pupils tackle the second part.

Task II   after solutions have been found, check precise understanding of rest of text (e.g. *SIB = Schweizerisches Institut für Baubiologie*).

Tasks III, V, VI intended as homework.

Task IV   can be prepared at home or five minutes preparation time given in class, as preferred.

Die Lehre vom kleinen Kreislauf

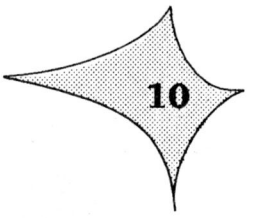

Aim: expansion of vocabulary. This text is particularly suitable for pupils with technical interests.
Method: class activity plus homework.

★ Class activity. Collective reading of text in class; explanation of some terminology is needed.
e.g.   *Ziegel = Bausteine aus gebranntem Ton*
Holzschindeln = dünne Platten aus Holz zum Verkleiden von Mauern

Tasks I - IV   could be homework or class activities.

Answers to Task II:

1. technisch	5. einheimisch	9. energisch
2. klimatisch	6. schweizerisch	10. wählerisch
3. organisch	7. sarkastisch	11. praktisch
4. biologisch	8. ökologisch	

Answers to Task IV:

1. fürchterlich	5. herrlich	9. ängstlich
2. entsetzlich	6. höflich	10. lächerlich
3. gewöhnlich	7. ähnlich	11. tatsächlich
4. ärgerlich	8. ländlich	12. verständlich

If Tasks II and IV are felt to be too difficult, they can be simplified by adding occasional letters to the master, creating fewer blanks.

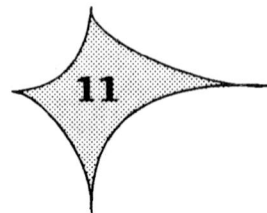

11   Besuchen Sie mit dem WWF die Zukunft

Aim: expansion of vocabulary.
Method: class activities and/or homework.

Text A is easy and pupils should not require help (WWF = World Wildlife Fund). Some terminology in text B may need explaining:

e.g.   *erproben = testen*
       speichern = aufbewahren
       Lauge = Wasser mit Waschpulver darin
       in den Handel kommen = auf den Markt kommen
       Mehrpreis = höherer Preis

Task I   as homework; ideas pooled later in class.

Task II   prepare for homework then discuss in class.

Task III   for revision and practice in class or as homework after class revision.

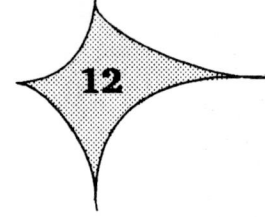

12   Umweltschutz beginnt zu Hause

Aim: reinforcement of *Umwelt* vocabulary, leading to essay. (It is expected that pupils will have done some of the previous texts on this topic.)
Method: providing previous texts have been covered, little help is needed. Tasks A and B can be homework and/or group work in class. (Each group to report back to other on the ideas in the article.)

★   Answers to Lückentext A:

1. erzeugt	6. Zukunft	11. Qualität	16. gibt
2. circa	7. die	12. getrennte	17. kleines
3. Müllberges	8. Einkauf	13. für	18. organische
4. aus	9. benutzen	14. entsprechenden	19. Problemabfälle
5. Landschaft	10. Einkaufskorb	15. werden	20. sind

★   Further suggestion: essay, e.g. *'Das Haus des Jahres 3000'*.

Viele Architekten gehören in die Naßzelle.

Text 3

Wohnen in Deutschland – ein Trauerspiel!

I   Leseverständnis

Lesen Sie die beiden Texte, und beantworten Sie diese Fragen:

TEXT A

1. Wo wohnt die Familie Grafberger zur Zeit?
2. Wann mußten sie aus ihrem Haus ausziehen?
3. Warum mußten sie ausziehen?
4. Waltraud sieht der Zukunft pessimistisch entgegen. Warum?
5. Wer wird die 1000 DM bekommen?

Hans Peter Grafberger, Waltraud Weber und ihr Sohn Patrick müssen seit zwei Monaten auf der Wiese campen

Die Idylle am Kinzig-Ufer in Offenburg trügt. Hans Peter Grafberger (38), seine Lebensgefährtin Waltraud Weber (36) und ihr Sohn Patrick (15) sitzen seit zwei Monaten auf der Straße, campen. „Wir hatten ein kleines Haus gemietet, mußten raus, als der Besitzer es verkaufte. Was sollen wir machen, wenn der Winter kommt?" sagt die verzweifelte Mutter. Eine Wohnung haben die drei nicht in Aussicht. Demjenigen, der ihnen eine beschafft, wollen sie 1000 Mark zahlen.

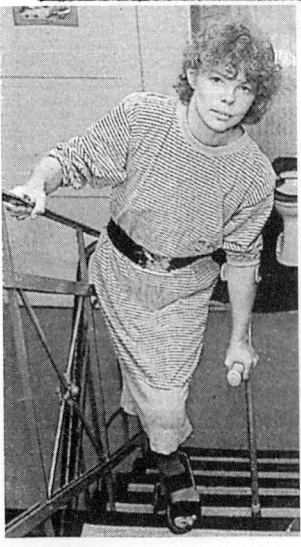

Schwer gehbehindert – und das im dritten Stock

Seit über einem Jahr suchen die schwerbehinderte Christa Worst (31) und ihr Mann Robert (31) aus Offenbach eine Erdgeschoßwohnung. Jetzt leben sie im dritten Stock. Der Mutter von zwei Kindern wurden zwei künstliche Hüftgelenke eingesetzt. Aber das Gelenkleiden schreitet fort. Sie schafft die Treppen kaum noch, wird bald völlig an die Wohnung gefesselt sein. Eine neue ist nicht in Sicht, die Stadt ratlos.

TEXT B

1. Warum sind Christa und Robert mit ihrer jetzigen Wohnung unzufrieden?
2. Was möchten sie tun?
3. Warum müssen sie eine Lösung sehr bald finden?
4. Bekommen sie Hilfe von den Stadtbehörden? Woher wissen Sie das?

Zusammenfassend:
Auf welches Problem deuten diese beiden Texte hin?

II Synonyme

Welche Verben haben ähnliche oder gleiche Bedeutungen? Benutzen Sie ein Lexikon, um die Synonyme zu finden.

z.B.   machen   =   tun

campen   =   _____

trügen   =   _____

mieten   =   _____

beschaffen   =   _____

fortschreiten   =   _____

fesseln   =   _____

leben   =   _____

Text 4

Endlich eine Wohnung!

Das ist eine Geschichte, wie sie jedem passieren kann. Und gerade deshalb ist sie so schlimm. Ingeborg Schröder (45) lebte nach der Trennung von ihrem Freund in einem 22-Quadratmeter-Apartment in München.

„Ich erzählte in meiner Stammkneipe, daß ich etwas Größeres suchte. Neben mir stand ein Mann. Er sagte schluchzend, daß seine Tochter vor vier Tagen ums Leben gekommen wäre. Und deren Wohnung wolle er so schnell wie möglich loswerden."

Am nächsten Morgen besichtigte Frau Schröder die Wohnung. 35 Quadratmeter, 700 Mark warm.

„Der Mann war sehr nett. Er wollte mir das Geschirr seiner Tochter schenken, fing immer wieder an zu weinen." Frau Schröder hatte Mitleid. Der Mann rührte ihr Herz. „Ehrlich, ich wäre nie auf die Idee gekommen, daß da etwas nicht stimmt."

Ingeborg Schröder unterschrieb den Mietvertrag, zahlte 2100 Mark Kaution und kündigte sofort ihr kleines Apartment. „Am Abend kam er sogar noch in die Kneipe und hat mit mir gefeiert. »Mein Unglück ist Ihr Glück«, hat er immer wieder gesagt."

Zwei Tage später sollte der Umzug sein. „In der Wohnung lagen Pornohefte und Klei-

dungsstücke herum. Von meinem »Vermieter« keine Spur!" Ingeborg Schröder ging zur Polizei, erstattete Anzeige. „Die haben mir gesagt, daß ich nicht als einzige auf ihn hereingefallen sei. Und daß ich mein Geld vergessen könnte."

Ingeborg Schröder ist nicht dumm und leichtgläubig. Aber auf rührselige Geschichten wie diese – der Mann hatte nie eine Tochter und ist vor allem krank psychisch – fallen vor allem Frauen herein. Frau Schröder: „Nie wieder würde ich eine Kaution bar bezahlen. Auch auf die Gefahr hin, eine Wohnung nicht zu bekommen." **Maria Sandoval**

Meine letzten Ersparnisse für die Kaution. 2100 Mark futsch!
Ingeborg Schröder hatte 2000 Mark gespart. „Für Notfälle." Die Kaution für „ihre" Wohnung mußte sie gleich bezahlen. Sie bekam das Geld nie wieder

I   Rollenspiel : Partnerarbeit

Spielen Sie die Szene zwischen Ingeborg und dem Mann:
- a. in der Kneipe
- b. in der Wohnung
- c. in der Kneipe nach dem Unterschreiben des Mietvertrags

II   Definitionen

Schreiben Sie Relativsätze, um die Substantive zu definieren.
z.B.   Ersparnisse = Geld, das man gespart hat

ein 22-Quadratmeter-Apartment	=	_____
eine Kaution	=	_____
eine Stammkneipe	=	_____
ein Vermieter	=	_____
ein Betrüger	=	_____
eine psychiatrische Anstalt	=	_____
eine rührselige Geschichte	=	_____
ein Mietvertrag	=	_____
ein leichtgläubiger Mensch	=	_____

III Ableitungen

Füllen Sie die Tabelle aus!

Substantiv	Verbform im Text	Infinitiv
z.B. : Ersparnisse	gespart	sparen
	bezahlen	
	lebte	
die Trennung	-	
	erzählte	
	suchte	
	schluchzend	
	besichtigte	
	schenken	
	rührte	
	unterschrieb	
	kündigte	
	gefeiert	
der Umzug	-	
die Gefahr	-	
	besuchte	
	gemietet	

IV Zusammenfassung

Fassen Sie diesen Artikel in 80 Worten zusammen. Benutzen Sie womöglich Ihre eigenen Worte.

V Weitere Vorschläge

Indirekte Rede üben

Beispiele im Text:
    Ich erzählte, daß ich etwas Größeres suchte.
    Er sagte, daß seine Tochter ums Leben gekommen wäre.
    Er wolle deren Wohnung loswerden.
    Die haben mir gesagt, daß ich nicht als... hereingefallen sei und ... vergessen könnte.

Text 5

Mit den Eltern unter einem Dach wohnen?

Immer mehr junge Leute lassen sich
auffallend viel Zeit mit dem Flüggewerden. Können auch Sie
sich vorstellen, noch zu Hause zu leben?

PRO

Christiane Dormagen, 23,
Bürokauffrau

66 Ich spare
Geld und werde auch
noch verwöhnt 99

Ich wohne nicht zuletzt deshalb noch bei meinen Eltern, weil ich mich mit ihnen einfach prima verstehe. Und das finde ich schön. Sie engen mich auch in keiner Weise ein. In unserem Einfamilienhaus habe ich unter dem Dach mein eigenes kleines Reich. Zwar ohne Küche, aber mit Bad.

Daß es auch konkrete Vorteile für mich hat, zu Hause zu leben, gebe ich gerne zu. Da ist zum Beispiel der finanzielle Aspekt. Ich brauche keine Miete zu bezahlen und muß auch nichts für Essen oder Wäschewaschen beisteuern. Das so gesparte Geld lege ich zurück für meine eigene Wohnung, die ich später mal haben werde.

Außerdem darf ich mich zu Hause noch ein bißchen verwöhnen lassen. Es ist doch herrlich, sich morgens und abends an den gedeckten Tisch zu setzen. Auch mein Freund fühlt sich bei uns wohl. Da er es aber trotzdem lieber hat, wenn ich ihn in seiner Wohnung besuche, übernachte ich am Wochenende meistens bei ihm.

Ich kann meine Eltern auch mal um einen kleinen Gefallen bitten. Wenn ich keine Zeit habe, zur Post oder zur Bank zu gehen, dann frage ich, ob sie das nicht für mich erledigen können. Umgekehrt ist es für mich selbstverständlich, daß ich bei der Haus- und Gartenarbeit mithelfe. ●

CONTRA

Silke Mayer-Over, 25,
Studentin

66 Ich möchte mein
Leben so gestalten, wie's
mir gefällt 99

Als ich vor zwei Jahren zu Hause auszog, war ich 23. Eigentlich schon recht alt, denn mittlerweile bin ich der Meinung, daß es besser ist, den Sprung ins kalte Wasser möglichst früh zu wagen. Sicher, für mich als Studentin wäre es billiger, bei den Eltern zu wohnen. Ich jobbe jetzt in einer Videothek, damit ich meine Miete bezahlen kann. Und es ist sicher auch bequemer, sich zu Hause versorgen zu lassen. Doch daran kann man sich gut gewöhnen, und ehe man sich versieht, klebt man mit dreißig immer noch daheim und ist von den Eltern abhängig. In meinem Bekanntenkreis gibt es da auch etliche Beispiele.

Mir ist meine Selbständigkeit inzwischen sehr viel wert. In meiner Wohnung habe ich wesentlich mehr Ruhe. Die brauche ich unbedingt zum Lernen und um mich ungestört entspannen zu können. Außerdem kann ich mein Leben so gestalten, wie ich es möchte. Ich telefoniere oder schlafe, solange ich will, lade Freunde ein und komme nach Hause, wann es mir gefällt.

Denn trotz der Freiheiten, die einem die Eltern vielleicht lassen – eine gewisse Kontrolle ist immer da. Den altbekannten Satz „Solange du die Füße unter unseren Tisch stellst..." brauche ich mir glücklicherweise nicht mehr anzuhören. Als ich noch mit in der Dreizimmerwohnung meiner Eltern lebte, gab es nämlich doch häufiger Reibereien. Seit ich ausgezogen bin, verstehen wir uns wieder bestens und sehen uns mindestens zweimal in der Woche. ●

Übrigens...

Im Auftrag von MAXI stellte das Wickert-Institut 1470 Frauen ab 25 Jahren in der Bundesrepublik die Frage: „Möchten Sie mit den Eltern unter einem Dach wohnen?" Mehr als die Hälfte der Befragten kann sich das gut vorstellen. Je weiter man in den Süden kommt, um so häufiger wird das Zusammenleben als positiv angesehen: Antworteten in Nordrhein-Westfalen nur 42% mit Ja, sind es in Rheinland-Pfalz 61%, in Bayern sogar 74%.

NEIN: 42 %

JA: 58 %

Brennt Ihnen ein Thema auf den Nägeln? Dann schreiben Sie uns, und legen Sie ein farbiges Porträtfoto bei. Unsere Anschrift: Redaktion MAXI, Stichwort „Pro und Contra", Postfach 10 04 44, 2000 Hamburg 1

Die grüne Hauptstadt: Erlangen

Die meisten Radwege pro Straße, die beste Müllentsorgung, ein Biotop an jeder Ecke. Prädikat: besonders umweltfreundlich

Erlangen (100 000 Einwohner), das Paradies für Radfahrer. 200 Kilometer Radwege. Alle bestens ausgeschildert (Foto oben). Besonderes „Fahrrad-Leitsystem". Und sogar Oberbürgermeister Hahlweg (unten, links) strampelt ins Büro

Deutschlands grüne Traumstadt heißt Erlangen. Eine Jury aus Vertretern der wichtigsten Umwelt- und Naturschutzverbände zeichnete die Mittelfränkische Stadt mit dem Titel „Umweltfreundlichste Gemeinde der Bundesrepublik" aus. Nirgendwo in Deutschland wird mehr für den Umweltschutz getan als in Erlangen. <u>Die Begründung:</u>

● Die mittelalterliche Stadt bei Nürnberg ist das einzige deutsche Radlerparadies (Stiftung Warentest). 30 Prozent der Straßen sind Radwege. 200 km. Hervorragend beschildert.

● <u>Müll:</u> Jede Familie hat drei Abfalltonnen. Papier, Bioabfälle und Hausmüll werden getrennt gesammelt. Wer sich für 200 Mark einen Kompostierer kauft, bekommt von der Stadt 130 Mark erstattet.

● <u>Energieversorgung:</u> In Neubauten sind Öl- und Kohleheizungen verboten. Fernwärme und Erdgas sind umweltfreundlicher. Wer mit Solarzellen sein Wasser aufheizt oder Strom erzeugt, bekommt von der Stadt die Hälfte der Anlagekosten.

● <u>Naturschutz:</u> 40 Prozent des Stadtgebietes (7500 Hektar) stehen unter Landschaftsschutz. Und es gibt 280 Biotope, die von 1500 freiwilligen Helfern betreut werden. Es gibt sogar einen eigenen Storchenbetreuer. Michael Zimmermann, 55, kümmert sich um 28 Störche. Wer seinen Hinterhof begrünt, kann 1000 Mark Zuschuß kassieren.

Bestes Müllsystem: Jede Familie hat drei Mülltonnen. Für Papier, für Bioabfälle und für den Hausmüll

Wer sich Solarzellen oder einen Wintergarten anschafft, bekommt von der Stadt Geld. Bis zu 50 Prozent. In einem Spezialmeßwagen (links) kontrolliert Jutta Bald täglich die Erlanger Luftqualität

(Bunte)

I   Radfahren in der Stadt

★ Wie ist die Situation für Radfahrer in Erlangen?

★ Fahren Sie persönlich Rad?

wenn ja:

Warum?
Wo?
Wie oft?

Gibt es Strecken, die Sie nie fahren würden? Warum? Haben Sie je Probleme mit dem Verkehr gehabt? Ist Radfahren gefährlich, wo Sie wohnen? Warum?

wenn nein:

Warum nicht?
Haben Sie was dagegen?
Unter welchen Umständen wären Sie bereit, radzufahren?

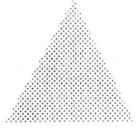

★ Was könnte man in Ihrer Stadt/Umgebung tun, um mehr Leute zu ermutigen, radzufahren, statt immer mit dem Auto zu fahren?

II Müll und Energieversorgung

★ Vergleichen Sie die Situation in Erlangen mit der in Ihrer Stadt.

Baubiologie in der Schweiz
Gesund bauen = Gesund leben

Immer mehr Menschen wollen heute gesund leben. Längst ist es keine Minderheit mehr, die vom Weissbrot auf Vollkornbrot umgestellt hat und nur noch biologisch gezogenes Gemüse isst. Gesund leben heisst aber nicht nur gesund essen, sondern auch gesund wohnen. Baubiologie, die Lehre vom natürlichen, menschen- und umweltgerechten Bauen, findet zunehmend überzeugte Anhänger.

Es ist eine Klischeevorstellung, wenn man meint einem Haus sehe man auf den ersten Blick an, dass es biologisch ist. Biologisch bauen hat mehr mit innerer Qualität zu tun als mit Äusserlichkeiten. Auch dem Haus der Familie Fischer in St. Urban sieht man auf den ersten Blick nicht an, dass es unter Einhaltung baubiologischer Grundsätze geplant und gebaut wurde.

Wohnen ist ein wichtiger Teil in der Natur des Menschen. Kein Wunder, dass der Trend zum natürlichen Bauen und Wohnen auch die Einrichtung und Ausstattung miteinbezieht. Biomöbel sind mittlerweile eine ganz selbstverständliche Alternative im Möbelhandel.

I Richtig oder falsch? Entsprechen diese Sätze dem Sinn des Textes?

	Ja	Nein
1. Gesundheit ist eine Priorität für alle Schweizer.		
2. Die meisten Menschen haben ihre Diät in den letzten Jahren geändert.		
3. Gesund wohnen ist weniger wichtig als gesund essen.		
4. Immer mehr Leute interessieren sich für Biologie.		
5. Man kann keinem Haus ansehen, daß es biologisch gebaut wurde.		
6. Baubiologische Techniken kann man am Inneren eines Hauses erkennen.		
7. Das Haus der Familie Fischer ist schon von außen als ein baubiologisches Gebäude zu erkennen.		
8. Wohnverhältnisse waren für den Menschen schon immer wichtig.		
9. Möbelgeschäfte in der Schweiz verkaufen jetzt ausschließlich Biomöbel.		
10. Die Möbelindustrie hat sich dem Biotrend angepaßt.		

II Suchen Sie die entsprechenden Ausdrücke im Text:

organic vegetables
at first sight
environmentally sound
a perfectly natural alternative
to have a healthy life-style
... is finding an increasing number of supporters
It's not surprising that ...

Text
8

Gesund vom Dach bis zum Fundament

Am Anfang war eine Idee. "Als wir uns 1987 entschlossen, unser eigenes Haus zu bauen, wollten wir vor allem die Sonnenenergie nutzen und alte, teilweise verlorene Handwerkstechniken mit neuesten Erkenntnissen von gesundem Leben und Wohnen verbinden", meint Josef Strässle, verheiratet und vierfacher Familienvater. Der praktizierende Arzt fühlte sich nicht zuletzt durch alternative Heilmethoden von der Baubiologie angesprochen. Die Aussicht von Strässles

Wohnzimmer ist einmalig: Unten im Tal das Rheindelta, im Hintergrund die Vorarlberger Alpen, zur Linken ahnt man den Bodensee. Prunkstück des imposanten Einfamilienhauses ist jedoch ohne Zweifel der Wintergarten: Ein rund 20 Quadratmeter, ganz von Glasfenstern umgebener Raum, in dem sich selbst im härtesten Winter bei Sonnenschein gemütlich frühstücken lässt. Ein Hauch von Toskana auf 900 m. ü.M. Mittels einer Klappe, die sich von Hand mühelos

öffnen lässt, breitet sich die warme Luft im ganzen Haus aus. Energie zum Nulltarif, sinnvoll, gesund und einfach dazu. "An sonnigen Wintertagen, die es hier über der Nebelgrenze häufig gibt, genügt es, morgens und abends zwei Stunden zu heizen" Unterstützt wird das Heizsystem von einer mit

Erdgas betriebenen Heizung auf Hypokausten-Basis: Die anfallende Wärme wird durch Hohlräume in den Wänden im ganzen Haus verteilt. Im Endausbau soll die Heizung auch einen im Keller eingerichteten Klimatherapieraum zur Behandlung von Rheumapatienten erwärmen.

I   Fragen zum Text:

1. Wovon handelt dieser Text?
2. Warum wird die Familie Strässle das Jahr 1987 nie vergessen?
3. Wie sollte das neue Haus geheizt werden?
4. Was zeigt, daß Josef Strässle sich für Tradition interessiert?
5. Wie groß ist die Familie Strässle?
6. Warum begann Josef, sich für Baubiologie zu interessieren?
7. Wo liegt Strässles Haus?
8. Was wissen Sie über den Bodensee? (im Atlas nachschauen)
9. Worauf ist die Familie besonders stolz?
10. Woher wissen Sie, daß der Wintergarten nie kalt wird?
11. Was bedeutet die Abkürzung, 'ü.M.'?
12. Warum ist Sonnenenergie ein 'sinnvolles' Heizsystem?
13. Warum ist es vorteilhaft, auf 900m ü.M. zu wohnen?
14. Welches andere Heizsystem ist im Haus? Wann wird es benutzt?
15. Wo wird Josef später arbeiten? Warum dort?

II   Wortschatz-Aufgabe

Welche Ausdrücke im Text sind gleichbedeutend mit diesen:

sicher _____

kostenlos _____

der Blick _____

zum Teil _____

ohne Schwierigkeiten _____

beeindruckend _____

oft _____

zu Beginn _____

ein Konzept _____

die man öffnen kann _____

es reicht _____

nicht mehr vorhanden _____

sieht gerade noch _____

beeindruckt _____

Vater von 4 Kindern _____

wenn die Sonne scheint _____

wo der Nebel aufhört _____

eine Praxis führend _____

unvergleichbar _____

geholfen _____

ein bißchen _____

besonders auch _____

links _____

Geschichte der Baubiologie

Text
9

Als eigentlicher Vater der Baubiologie gilt der Konstanzer Arzt Hubert Palm, der 1974 mit dem Buch 'Das gesunde Haus - unser naher Umweltschutz' die eigentliche Bibel der Baubiologen verfasste. Palm hatte während seiner Tätigkeit als Hausarzt bei vielen seiner Patienten diffuse Krankheitsbilder wie Migräne, Unwohlsein, körperliche Schlaffheit diagnostiziert. Zogen die Leute in eine 'gesunde' Wohnung, verschwanden auch die Beschwerden auf einen Schlag. Da der Mensch rund 90 Prozent seines Lebens in Innenräumen - seiner dritten Haut - verbringe, müssten wohl die chemischen Baustoffe und Wohngifte schuld an der Misere sein, folgerte der Arzt.

In der Schweiz führten Palms Ideen 1977 zur Bildung des SIB, das sich zum Ziel setzte, die Verbreitung baubiologischen Denkens zu fördern. Heute arbeiten hierzulande einige hundert Architekten, Baustoffhersteller und Handwerker nach den unterschiedlichsten baubiologischen Ansätzen: Legen die einen grössten Wert auf Bodenstrahlungen, beschränken sich andere auf die Vermeidung giftiger Baustoffe und widmen sich Dritte ganz der energiesparenden Bauweise.
'Hinter dem Begriff Baubiologie verbirgt sich der ökologische Denkansatz, dass Wohnen den wichtigsten Beitrag zu unserem Menschsein leistet', definiert der Sekretär des SIB, Bosco Büeler.

Lesen Sie den Text sorgfältig durch.

I   Übersetzen Sie die erste Hälfte des Texts ins Englische (Als... folgerte der Arzt).

II Übersetzen Sie diese englischen Sätze ins Deutsche.
Benutzen Sie dazu die zweite Hälfte des Texts.

   a.   Palm's ideas led to the formation of the SIB in 1977.
   b.   Nowadays there are many architects working in Switzerland according to ecologically sound architectural principles.
   c.   Some see ground radiation as the most important factor.
   d.   Others concentrate solely on energy-saving methods of building.

III Schreiben Sie diese Sätze zu Ende.
Die fertigen Sätze müssen dem Sinn des Originaltexts entsprechen.

   1.   Hubert Palm wohnte _____

   2.   1974 schrieb Palm _____

   3.   Dieses Buch gilt _____

   4.   Von Beruf _____

   5.   Palm hatte bemerkt, daß _____

   6.   Sobald diese Patienten _____

   7.   Palm schloß daraus, daß _____

8.   Das SIB wurde _____

9.   Das SIB wollte _____

10.   Von baubiologischen Architekten werden giftige Baustoffe _____

11.   Baubiologen halten den Umweltschutz _____

12.   Baubiologie basiert auf dem Gedanken, daß es einen Zusammenhang _____

IV Mündliche Zusammenfassung

★   Lesen Sie die fertiggeschriebenen Sätze (Übung III) mehrmals durch und prägen Sie sie sich ein.

★   Ohne die Sätze anzuschauen, fassen Sie den Originaltext zusammen.

V Synonym Übung

Suchen Sie im Text nach Synonymen für:

betonen _____   schrieb _____

ausschließlich _____   Baumaterial _____

steckt _____   undeutlich _____

sofort _____   in diesem Land _____

wird als ... betrachtet _____   verantwortlich für _____

drinnen _____   etwa _____

die Bauart _____   Gründung _____

sich beschäftigen mit _____

VI Definitionen

Definieren sie diese Begriffe, indem Sie Relativ-Sätze verwenden.

Was ist:

ein gesundes Haus? _____

ein Hausarzt? _____

ein Patient? _____

ein Architekt? _____

ein Baustoffhersteller? _____

eine energiesparende Bauweise? _____

Was sind:

chemische Baustoffe? _____

giftige Baustoffe? _____

Die Lehre vom kleinen Kreislauf

Text 10

Was bedeutet ökologisch bauen in der Praxis?

Baustoffe: Holz aus einheimischen Wäldern und Ziegel aus schweizerischem Boden sind die wichtigsten Bauelemente. So haben Baubiologen errechnet, dass allein für die Produktion von Stahl, Glas, Beton und Kunststoff für den Bau eines normalen Hauses rund eine viertel Million kWh benötigt werden. Das gleiche Haus, aus natürlichen Stoffen erbaut, kommt mit nur 50 000 kWh aus - eine Energiedifferenz, mit der sich ein Haus während rund 20 Jahren mühelos heizen liesse. Zur Isolation lassen sich Kork, Holzschindeln, Kokosfasern oder magnesitgebundene Holzwolle verwenden. Bio-Zemente, Bio-Beton, biologische Lacke und Farben runden das Angebot ab.

Energie: Mittels Sonnenwärme lassen sich Strom oder Warmwasser erzeugen, was heute eine Energieeinsparung von über 50 Prozent erbringt.

Wasser: In Speichern gesammeltes Regenwasser wird zur WC-Spülung oder Gartenbewässerung genutzt. Daneben gibt es Konzepte über naturnahe Abwasser-Reinigungstechniken mit Pflanzen- und Sandfiltern oder Kompost-WCs, die ganz ohne Wasser auskommen.

Luft: Verbrennt man weniger fossile Energieträger wie Öl oder Gas, bleibt die Luft sauberer. Im Haus sorgen Pflanzen für ein ausgeglichenes Raumklima, für Feuchtigkeit und Sauerstoff.

Abfälle: Schon die getrennte Sammlung von Abfällen nach Stoff, Altpapier, Glas und Metall verringert den Abfallberg um etwa die Hälfte. Mit den kompostierbaren organischen Küchenabfällen schliesst sich der Bio-Kreis.

Nach Lesen des Textes:

I   Wie heißt das Gegenteil?

Suchen Sie im Text nach dem Gegenteil von diesen Wörtern:

ausländisch _____	unwichtig _____
verschwinden _____	beschmutzen _____
sich öffnen _____	mühevoll _____
Kälte _____	Trockenheit _____
künstlich _____	schmutzig _____
in der Theorie _____	Enge _____
Verschwendung _____	kühlen _____
vergrößern _____	unausgeglichen _____
gemischt _____	

II Buchstabenrätsel

Welche Buchstaben fehlen? Die Antwort ist jedesmal ein Adjektiv, und die meisten sind im Text.

									i	s	c	h	1. eine Art Hochschule
									i	s	c	h	2. hat mit dem Klima zu tun
									i	s	c	h	3. gehört zur Natur
									i	s	c	h	4. aus Pflanzen hergestellt
									i	s	c	h	5. man ist dort zu Hause
									i	s	c	h	6. aus der Schweiz
									i	s	c	h	7. eine Tonart
									i	s	c	h	8. die Abkürzung heißt 'öko'
									i	s	c	h	9. sehr aktiv
									i	s	c	h	10. man braucht lange, um sich etwas auszusuchen
									i	s	c	h	11. das Gegenteil von 'theoretisch'

Wieviele andere Adjektive auf '-isch' kennen Sie? Stellen Sie eine Liste auf!

III Adjektive

Manche Adjektive sind von Verben abgeleitet und enden auf '-bar'
z.B. kompostieren → kompostierbar

Bilden Sie Adjektive auf ähnliche Weise:

essen _____   liefern _____

trinken _____   drehen _____

realisieren _____   heilen _____

vergleichen _____   brennen _____

lesen _____   kosten _____

denken _____   danken _____

brauchen _____   wundern _____

IV Adjektiv-Rätsel

Viele Adjektive enden auf '-lich'
z.B. natürlich

Setzen Sie in jede Lücke einen Buchstaben ein, um das Rätsel zu lösen.

| | | | | | | | | l | i | c | h | | 1. schrecklich |
| 1 | | | | | | | | | | | | | |

1								l	i	c	h
2							l	i	c	h	
3						l	i	c	h		
4					l	i	c	h			
5				l	i	c	h				
6			l	i	c	h					
7			l	i	c	h					
8				l	i	c	h				
9				l	i	c	h				
10					l	i	c	h			
11					l	i	c	h			
12						l	i	c	h		

1. schrecklich

2. es entsetzt mich

3. normal

4. es ärgert mich

5. wunderschön

6. freundlich und respektvoll

7. fast dasselbe

8. das Gegenteil von 'städtisch'

9. man ängstigt sich oft

10. man muß darüber lachen

11. in der Tat

12. man kann es verstehen

Besuchen Sie mit dem WWF die Zukunft

Text 11

Text A

Samstag, 6 Oktober, Besuch im Sonnenergie-Haus in Oberburg-Burgdorf. Mitten im Winter wurde es mit Badeplausch im Swimming-Pool eröffnet. Das Haus der Familie Jenni in Oberburg bei Burgdorf produziert allein mit der Sonne genügend Wärme, um sogar im Winter den Swimming-Pool zu heizen.

Das Solarhaus bietet einen normalen Wohnkomfort. Die gesamte Wärmeenergie für Heizung und Brauchwasser wird über Sonnenkollektoren gewonnen. Die Energieaufbereitung für alle elektrischen Verbraucher wie Kochherd, Beleuchtung, Kühlschrank, Küchengeräte, Heizung, usw erfolgt mit Solarzellen.

Im Untergeschoss sind die grossen, isolierten Wasserspeicher, die Batterien sowie der Hauskeller und der Luftschutzraum plaziert. Der Wohnteil des Hauses befindet sich im Erd- und Obergeschoss; auf der Südseite gibt es einen Wintergarten

Text B

Die Wasser-sparer kommen

● Neue Öko-Ideen aus dem Hause Miele: Wasch- und Spülmaschinen, die ihr Wasser selbst recyclen. Die Prototypen aus der Miele-Forschung sind noch in der Erprobung – mit bisher Super-Ergebnissen. Das Prinzip: Wenig verschmutztes Wasser der letzten Spülgänge wird in einem Depot gespeichert und für das folgende Reinigungsprogramm wieder verwendet. Alternativ kann auch Lauge aufgefangen werden. Wird das Wasser nicht gleich wieder genutzt, wird es mit UV-Licht bakteriologisch einwandfrei gehalten. Der Benutzer spart durch das Recycling-System Waschmittel (bis zu 55 Prozent), Strom (bis zu 55 Prozent) und natürlich Wasser (bis zu 65 Prozent). Bei den Geschirrspülern wird der Wasserverbrauch pro Spülgang von heute nur 22 Litern noch einmal um die Hälfte gesenkt. Die Wasser-Recycling-Automaten sollen 1991 in den Handel kommen. Der voraussichtliche Mehrpreis macht sich während der Lebensdauer der Geräte leicht bezahlt, verspricht der Hersteller.

DAS FINDEN WIR GUT

I   Wortschatz-Übung

★   Lesen Sie Texte A und B.

★   Sammeln Sie aus beiden Texten alle Wörter, die dem Sinnbereich 'Umwelt' angehören.

★   Bilden Sie ein Substantiv aus jedem Verb auf Ihrer Liste.

★   Wieviele Substantive können Sie bilden, die mit dem Anfangswort 'Spar-' beginnen?

★   Wieviele Substantive können Sie bilden, die mit dem Anfangswort 'Verbrauch-' beginnen?

II   Wieviele Elektrogeräte haben Sie in der Küche zu Hause? Und sonst?

Sind sie alle absolut nötig? Warum?
Wie sah eine Küche vor 50 Jahren aus?
Was sind die Vorteile der vielen modernen Haushaltsgeräte? Und die Nachteile?
Wie könnten Sie zu Hause Energie sparen?

III das Passiv

In den Texten A und B befinden sich mehrere Verben im Passiv.

z.B.   Wenig verschmutztes Wasser wird ... gespeichert.
Wenig verschmutztes Wasser wird ... wiederverwendet.
Lauge kann aufgefangen werden.
Der Wasserverbrauch wird um die Hälfte gesenkt.
Mitten im Winter wurde es eröffnet.

Setzen Sie die richtige Form des Passivs in diese Sätze ein:

Präsens

1. Solarenergie kann überall _____ _____ . (produzieren)
2. Die Umwelt _____ durch zu großen Energiekonsum _____ . (gefährden)
3. Um den Stromverbrauch zu reduzieren, können Sonnenkraftwerke _____ _____ . (bauen)
4. In den neuen Waschmaschinen _____ das Wasser zweimal _____ . (benutzen)
5. Durch dieses System _____ Wasser und Strom _____ . (sparen)
6. Die Prototypen _____ zur Zeit _____ . (erproben)
7. Der Wasserverbrauch _____ _____ . (reduzieren)
8. Wir _____ von Umweltfreunden _____ , Energie zu sparen. (ermutigen)
9. Der Treibhauseffekt kann _____ _____ , wenn wir weniger Energie konsumieren. (stoppen)

Perfekt

1. Bis jetzt _____ nur noch wenige Häuser mit Solarenergie _____ _____ . (bauen)
2. Viel _____ über Energie _____ , aber wenig _____ _____ . (reden, unternehmen)
3. Elektrische Autos _____ _____ _____ , haben aber wenig Erfolg. (erfinden)

Imperfekt

1. Das größte Sonnenkraftwerk Europas _____ in den 80er Jahren in der Schweiz _____ . (bauen)
2. 1990 _____ in der Schweiz eine neue Energiepolitik _____ . (verlangen)
3. Von der Volksinitiative 'Stopp dem Atomkraftwerkbau' _____ ein Baustopp während 10 Jahre _____ . (fordern)
4. Nach den Wahlen 1990 _____ _____ , daß keine weiteren Atomkraftwerke in der nächsten Zeit _____ _____ _____ . (entscheiden, planen, dürfen)

Text 12

(A)

Abfälle

Eine Zahl, die zu denken gibt: Jeder Bundesbürger „ 1 " jährlich 2 sechs bis acht Zentner Müll. 60 Prozent des 3 kommen 4 dem Haushalt. Die Deponien quellen über – verseuchen die 5 für die 6 und Müllverbrennung verunreinigt die Luft, 7 wir zum Atmen brauchen. Nur gemeinsam läßt sich die Müll-Lawine verkleinern.

Beim 8 mit der Verpakkung sparen. Vorverpacktes nicht noch einmal einpacken lassen. Plastiktüten mehrfach 9 oder gleich den 10 mitnehmen. Wo immer möglich, Mehrwegflaschen benutzen. Vorverpacktes Gemüse und Obst nicht kaufen – außerdem läßt sich bei offener Ware die 11 prüfen!

Sauber 12 Abfälle sind Rohstoffe 13 die Wiedergewinnung. Papier, Glas, Metall extra sammeln und in die 14 Sammelbehälter bringen. Große Metall-Abfälle 15 vom Schrotthandel angenommen – manchmal 16 es sogar ein 17 Taschengeld. Aluminium ist bei der Wiederverwendung ganz besonders energiesparend. 18 Abfälle nach Möglichkeit in den Kompostbehälter bringen (Beachten Sie die Seiten 58/59). Arzneimittel, Batterien, Farbreste, Lösungsmittel und ähnliche 19 gehören in die Sondermüllstationen, die inzwischen von allen Gemeinden eingerichtet worden 20

Umweltschutz beginnt zu Hause!

Mitdenken, mitmachen, mithelfen

Jeder Mensch ist geradezu verpflichtet, seine Umwelt lebenswert zu erhalten. Sind wir aber nicht auf dem besten Wege, sie mit Abfällen zu vergiften? Fangen wir doch einfach mal in der nächsten Umgebung mit dem Umweltschutz an!

(B)

Energie

Der Verlust von wertvoller Energie im Haushalt ist nicht sichtbar? Aber ja – am eigenen Geldbeutel!

Ein Absenken der Raumtemperatur um 1 Grad spart sechs Prozent Heizenergie. Wenig benutzte Räume wenig heizen. Vorhänge und Jalousien dämmen den Wärmeverlust. Nur einige Male am Tage kurz durchlüften, bringt mehr und spart Energie. Brenner der Heizungsanlage regelmäßig einstellen lassen. Temperatur der Warmwasseranlage nicht zu hoch stellen (Küche 50 bis 60 Grad, Bad 30 bis 40 Grad). In der Küche: Töpfe passend zur Kochplatte. Dampfkochtöpfe sparen Energie und schonen die Vitamine. Geschirrspüler und Waschmaschine nur „wohlgefüllt" in Betrieb nehmen. Wäschetrockner sind „Energiefresser"! Kühlschränke, aber vor allem Tiefkühltruhen, möglichst in kühlen Räumen aufstellen. Alle Kühlaggregate regelmäßig abtauen. Beleuchtungskörper ausschalten, wenn sie nicht benötigt werden. Energiesparlampen sind teurer in der Anschaffung, aber sparsam im Verbrauch. Energiesparen hilft, mit den Reserven der Erde sorgsam umzugehen.

Chapter 4

I have been teaching German for five years in a large comprehensive school in Walsall, West Midlands. The comments below are based on my experience during this time.

First I feel it is important to put things into perspective, to see grammar for what it really is - a system of ordering language components in such a way that the pattern may be recognised and understood, thus facilitating communication. Gone are the days of the 'unseen prose' when the omission of an adjectival ending resulted in such embarrassment in the classroom that the pupil felt doomed to failure and would certainly never consider speaking such an impossibly intricate language for fear of committing an even more serious crime!

Now the nature of the 'A' level examination has altered considerably; there is greater balance between the four skills and grammar assumes its rightful place, that of a tool rather than a religion! If pupils are familiar with this tool, their skill in using it increases; familiarity leads to confidence both in comprehension and the ability to express oneself clearly. If one understands how and why language is formed, then it is easier to grasp new vocabulary and idioms following patterns already acquired. It is therefore helpful if the 'A' level candidate clearly understands some of the basic rules of grammar.

In the first half-term of the course I have found it necessary and profitable to follow a programme of thorough grammar revision, generally explained in English and reinforced by parallel practice of these points in German in the context of whichever topic is being taught at the time. Doubtless many teachers would find this method superfluous; it all depends on the candidate's ability and the number of pre-GCSE years - and, of course, the amount of knowledge which mysteriously vanishes during the long summer vacation! Those of us who are obliged to fulfil the criteria of the GCSE in two or three years find in any case that grammar is fairly low on the list of priorities, given the amount of vocabulary to be covered and large classes in which by far the majority of pupils will not continue 'A' level, but certainly must be catered for adequately in the reading, listening and oral skills. Writing above basic level is for the few who aspire to a grade 'A' or 'B', and even then, since detailed grammatical accuracy is a relatively minor aspect of the exercise, the emphasis being on communication - and rightly so at this level - those teachers pressed for time may introduce certain points but not practise them as frequently as they might wish to ensure comprehehnsion.

It is therefore in an attempt to bridge and indeed fill in the gap that I endeavour to present the grammar revision in such a manner that it is accessible, even enticing, using 'GCSE' pictures, games and quizzes to persuade the pupils that they are enjoying themselves, rather than working as such! Thus they do their best in a more relaxed fashion in order to 'win'. By following the rules of the quiz or game, they undergo a similar process to following rules of grammar and gradually they can acquire both knowledge and understanding of the processes involved..

Joanne Bond
Blue Coat Comprehensive School, Birmingham

GERMAN GRAMMAR

Even easier than...

...unravelling this snake!

Prepositions
Adjectival endings
Word order
Subordinating conjunctions
Relative clauses
Revision of tenses
Card games
Passive
Literary texts
Checklist
Use of dictionary

PREPOSITIONS

Prepositions are, of course, very useful for practising cases, articles and demonstrative and possessive adjectives. The prepositions themselves may perhaps be more easily remembered by the use of an acronym, as in the example given opposite - prepositions + accusative, or a similar mnemonic.

 ### Prepositions + dative

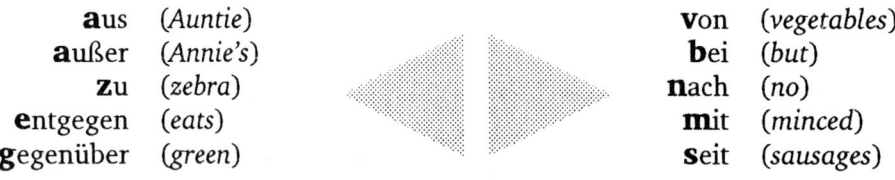

aus	*(Auntie)*		**v**on	*(vegetables)*
außer	*(Annie's)*		**b**ei	*(but)*
zu	*(zebra)*		**n**ach	*(no)*
entgegen	*(eats)*		**m**it	*(minced)*
gegenüber	*(green)*		**s**eit	*(sausages)*

It is advisable to encourage pupils to invent their own!

Prepositions + dative or accusative

No movement: **dative**   Movement: **accusative**

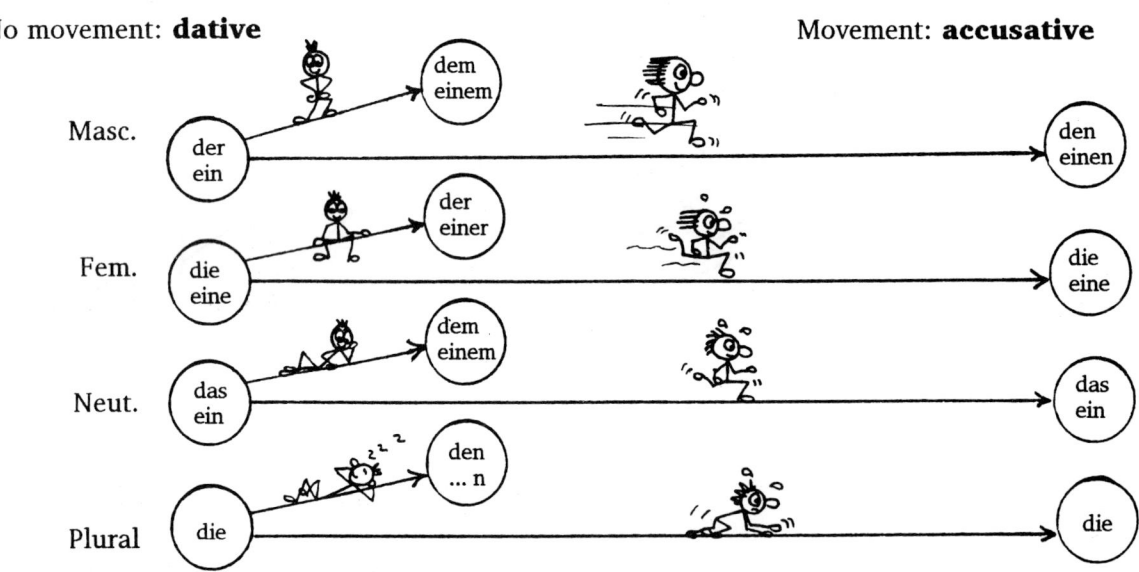

Make up your own cartoon to demonstrate the above rule!

an △   hinter △   neben △   unter △   zwischen

auf △   in △   über △   vor

Use the above prepositions to make as many sentences as possible about this picture!

▶ **Prepositions + accusative**

bis	durch	wider
entlang	ohne	um
ausgenommen	gegen	für

Underline the prepositions and identify the genders!

1. Sie läuft durch den Wald (   ).
2. Wir warten bis nächsten Montag (   ).
3. Der Hund läuft um das Haus (   ).
4. Er geht die Straße entlang (   ).
5. Hans lehnt sich gegen die Mauer (   ).
6. Ich möchte ein Geschenk für meinen Onkel (   ).
7. Wir fahren den Fluß entlang (   ).
8. Heinrich arbeitet für seinen Vater (   ).
9. Sie schickt eine Brief ohne eine Briefmarke (   ).
10. Ich kaufe eine Zeitung für meinen Großvater (   ).

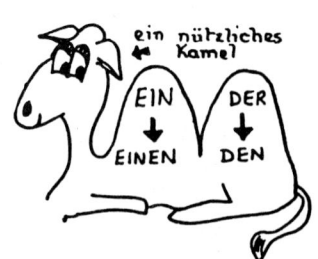

Exercise

Fun with prepositions!

Lots of luvly prepositions are hidden in the splodge below. Bet you can't find them all!

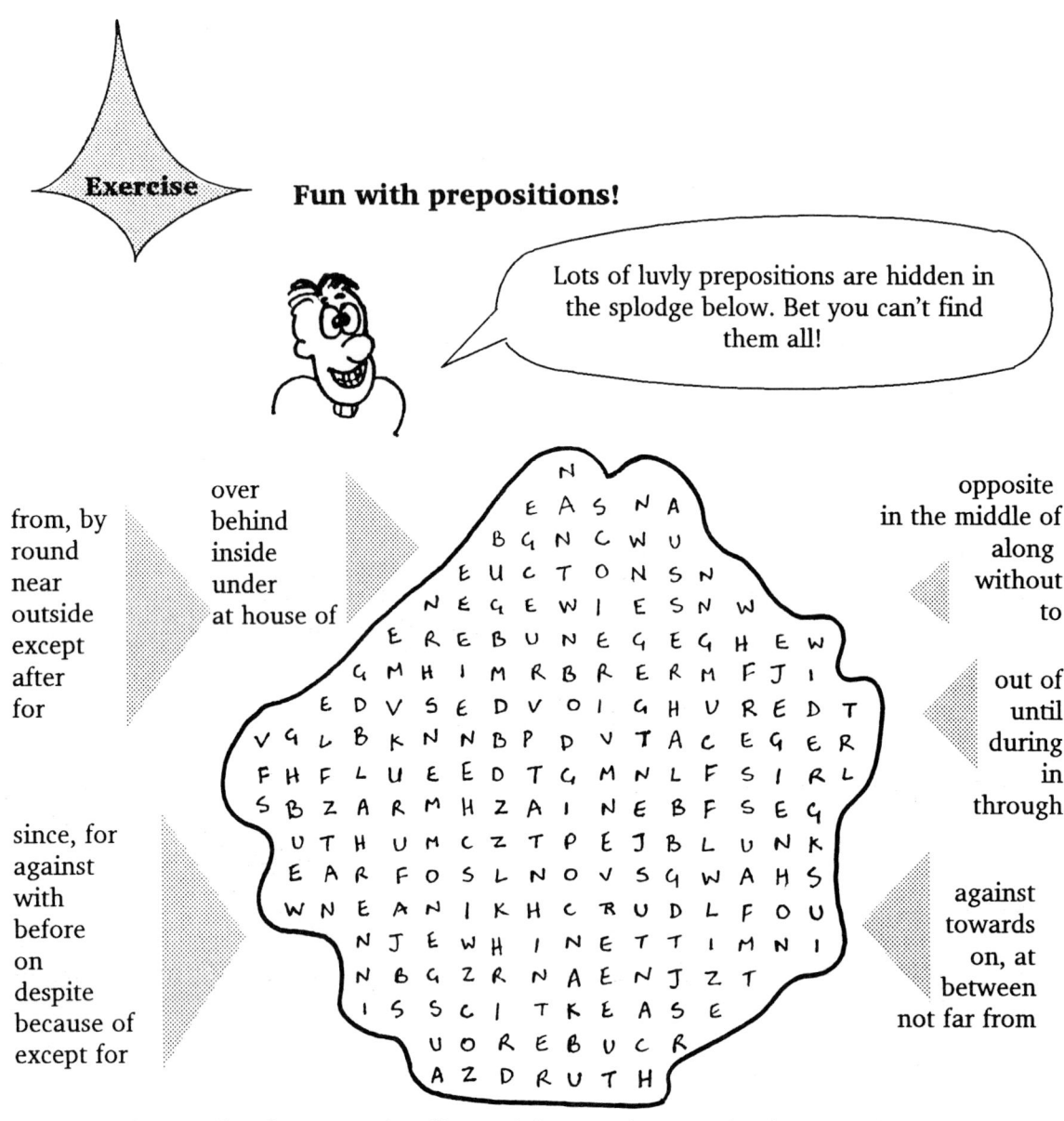

from, by
round
near
outside
except
after
for

over
behind
inside
under
at house of

opposite
in the middle of
along
without
to

out of
until
during
in
through

since, for
against
with
before
on
despite
because of
except for

against
towards
on, at
between
not far from

Now put them under the correct headings **without** using your book!

Accusative	Genitive	Dative	Acc./Dat.

ADJECTIVAL ENDINGS

The object of this game is to practise adjectival endings as painlessly as possible!

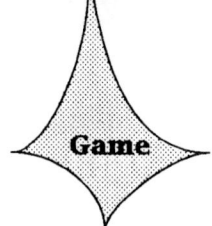

You need dice and a set of cards.

Dice

The number on the dice indicates which table should be used:

Cards

e.g. Colours + pets or clothes (see 1st year resources where possible!). Add N, A, G and D to denote cases.

1 + 2 = weak endings
3 + 4 = strong endings
5 + 6 = extra strong endings

How to play!

1. Depending on the size of the class, this game may be played in teams, pairs or individually.

2. Give the players a time limit, e.g. fifteen minutes.

3. Decide whether or not players may use the tables. If they are weak in this area, it may be advisable to allow use during the first ten minutes, then have five minutes without to test memory! In any case, the tables will be available so that the answers may be checked. The set of tables opposite is a handy size to pass around.

4. Players/teams take turns to throw the dice and take a card. The idea is to describe what is on the card in the following way.

e.g.

card	case	dice	German
brown dog	N	2	*der braune Hund*
grey cat	G	3	*einer grauen Katze*
red dress	D	6	*rotem Kleid*

5. A point is scored each time a correct answer is given. The player/team with the most points at the end of the given time is the winner!

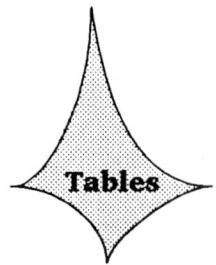

Tables

Weak endings: after definite article and *dieser, jener, jeder, welcher*

	Masculine	Feminine	Neuter	Plural
NOM	der alte Hut	die alte Kuh	das alte Bad	die alten Dome
ACC	den alten Hut	die alte Kuh	das alte Bad	die alten Dome
GEN	des alten Hutes	der alten Kuh	des alten Bades	der alten Dome
DAT	dem alten Hut	der alten Kuh	dem alten Bad	den alten Domen

Strong endings: after indefinite article and possessive adjectives

	Masculine	Feminine	Neuter	Plural
NOM	ein alter Hut	eine alte Kuh	ein altes Bad	alte Dome
ACC	einen alten Hut	eine alte Kuh	ein altes Bad	alte Dome
GEN	eines alten Hutes	einer alten Kuh	eines alten Bades	alter Dome
DAT	einem alten Hut	einer alten Kuh	einem alten Bad	alten Domen

NB: possessive adjectives are followed by weak endings in the plural! e.g. *meine alten Hüte.*

Extra strong endings: no article or defining word

	Masculine	Feminine	Neuter	Plural
NOM	alter Hut	alte Kuh	altes Bad	alte Dome
ACC	alten Hut	alte Kuh	altes Bad	alte Dome
GEN	alten Hutes	alter Kuh	alten Bades	alter Dome
DAT	altem Hut	alter Kuh	altem Bad	alten Domen

NB: after *alle*, the adjective takes weak endings, e.g. *alle alten Hüte.*

WORD ORDER

Time - manner - place

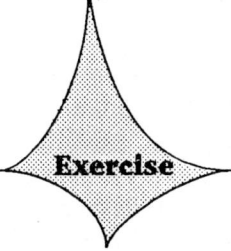

Look carefully at the words and phrases below, then classify each under one of the following headings:

Expression of time	Imperfect verb	Personal pronoun	Manner	Place

Tenses

Put each sentence into the tenses given below!

Exercise   ▷   Future   ▷   Imperfect

Perfect   ▷   Pluperfect   ▷

1. Ich glaube an die Vernunft.
2. Bei gutem Essen fällt mir am meisten ein.
3. Nur die Toten lassen sich nicht mehr von Gründen bewegen.
4. Das ist eine Nacht des Unglücks, wo der Mensch die Wahrheit sieht.
5. Ich frage mich nur, wohin dies alles führen soll.
6. Muß der Mensch alles verstehen?
7. Wer sie weiß und sie eine Lüge nennt, der ist ein Verbrecher.
8. Nur das Vernünftige wird nicht geglaubt.

SUBORDINATING CONJUNCTIONS

Exercise

Fill in the crossword below with subordinating conjunctions!

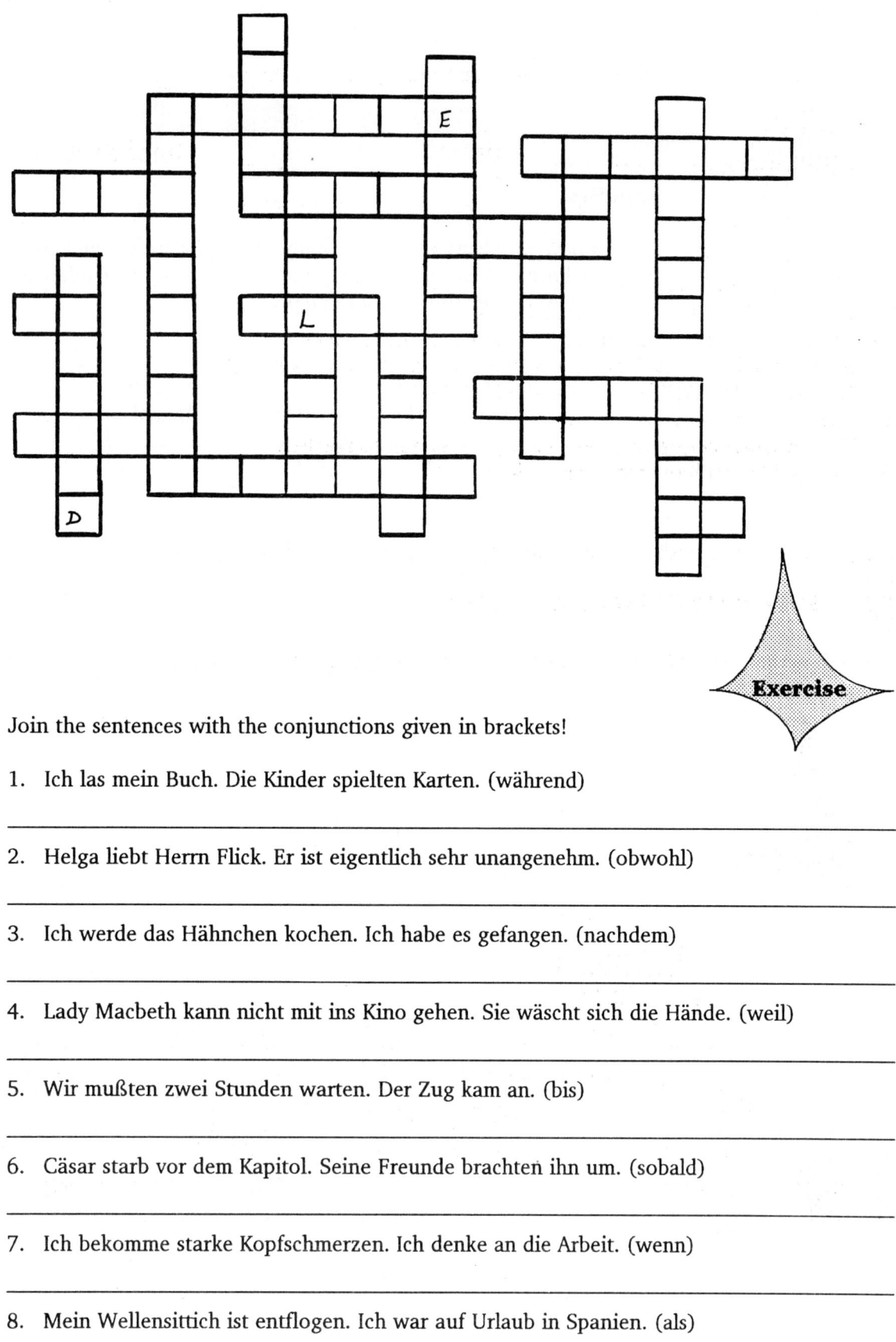

Join the sentences with the conjunctions given in brackets!

1. Ich las mein Buch. Die Kinder spielten Karten. (während)

_____

2. Helga liebt Herrn Flick. Er ist eigentlich sehr unangenehm. (obwohl)

_____

3. Ich werde das Hähnchen kochen. Ich habe es gefangen. (nachdem)

_____

4. Lady Macbeth kann nicht mit ins Kino gehen. Sie wäscht sich die Hände. (weil)

_____

5. Wir mußten zwei Stunden warten. Der Zug kam an. (bis)

_____

6. Cäsar starb vor dem Kapitol. Seine Freunde brachten ihn um. (sobald)

_____

7. Ich bekomme starke Kopfschmerzen. Ich denke an die Arbeit. (wenn)

_____

8. Mein Wellensittich ist entflogen. Ich war auf Urlaub in Spanien. (als)

_____

RELATIVE CLAUSES

Exercise

Families!

Do you have problems with your family? Here is a story about some people who did. Read it carefully and fill in the missing relatives! Use the ones in the table below to help you.

		Masc	**Fem**	**Neut**	**Plural**
NOM	(who, which)	der	die	das	die
ACC	(whom, which)	den	die	das	die
GEN	(of whom, whose, of which)	dessen	deren	dessen	deren
DAT	(to/for whom, which)	dem	der	dem	denen

HAMLET, (EINE KURZFASSUNG)

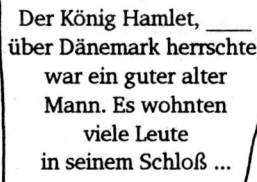

Der König Hamlet, _____ über Dänemark herrschte, war ein guter alter Mann. Es wohnten viele Leute in seinem Schloß ...

... seine Frau, Gertrude, _____ sehr schön war ...

... sein Sohn, Hamlet, _____ sehr viele Bücher las ...

... sein Bruder, Claudius, _____ sehr böse war ...

... sein Berater, Polonius, _____ sehr klug war ...

... und die Tochter von Polonius, _____ Ophelia hieß und_____ gerne Blumen sammelte.

Ophelia liebte Hamlet, aber er hatte keine Zeit für sie, denn er mußte viel studieren.

Er hatte große Schwierigkeiten mit der deutscher Grammatik, besonders mit dem Perfekt!

Claudius beneidete seinen Bruder, _____ sehr reich war, eine schöne Frau hatte und eine tolle Krone trug.

Also, als der König im Garten schlief, hatte Claudius einen schlauen Plan!

Er schlich in den Garten und schüttete ihm Gift ins Ohr.

Später sprach der König, _____ jetzt tot war, mit seinem Sohn, _____ er zufällig auf einer Turmspitze begegnete.

... erzählte er dem jungen Hamlet.

Inzwischen hatte Claudius Gertrude, Hamlets Mutter, _____ sehr schön war, geheiratet.

Hamlet ging zu seiner Mutter, _____ er im Schlafzimmer fand. Dort tötete er Polonius, _____ sich hinter dem Wandteppich versteckt hatte.

Ophelia, _____ Vater jetzt tot war, warf sich in den nächsten Fluß.

Also, Hamlet ging im Friedhof spazieren. Dort unterhielt er sich mit einem Schädel, _____ er als Kind gekannt hatte.

Plötzlich kam Laertes, Ophelias Bruder, an.

Hamlet und Laertes töteten einander
mit einem Schwert, _____ Spitze
vergiftet worden war.

Aber Hamlet, _____ noch nicht ganz tot war, tötete Claudius,
_____ Frau auch tot war, weil sie vergifteten Wein getrunken hatte,
_____ Claudius für Hamlet vorbereitet hatte!

Und wenn sie nicht gestorben wären, dann hätten sie noch heute gelebt!

▶ *REVISION OF TENSES*

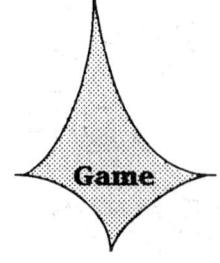

Game

The grammar national

You need: Board - photocopy on coloured card
              Cards - use grid provided on p98. Give the infinitive
              of the verbs you wish to practise.
              Dice and counters

Rules

1. Shake dice for position in the stalls.

2. Shake again - the highest number starts.

3. You may use any lane at any time in the race.

4. You may:
    - move forwards straight ahead;
    - move forwards where two squares meet diagonally.

5. You may not:
    - move sideways;
    - share a square;
    - move backwards;
    - jump over another horse.

6. If you are blocked, you must remain where you are until your next go.

Jumping fences

7. When you have thrown a number high enough to take you over a fence, pick up a card.

8. You must give the form of the verb dictated by the number on the dice.

    1 = ich   4 = wir
    2 = du   5 = ihr
    3 = er/sie/es/man   6 = Sie/sie

9. You must give the tense indicated by the fence.

10. If you answer correctly, you may jump the fence, moving the number of squares you have thrown.

11. If you answer incorrectly, you must remain where you are until your next go.

12. The first player to reach the finishing line is the winner!

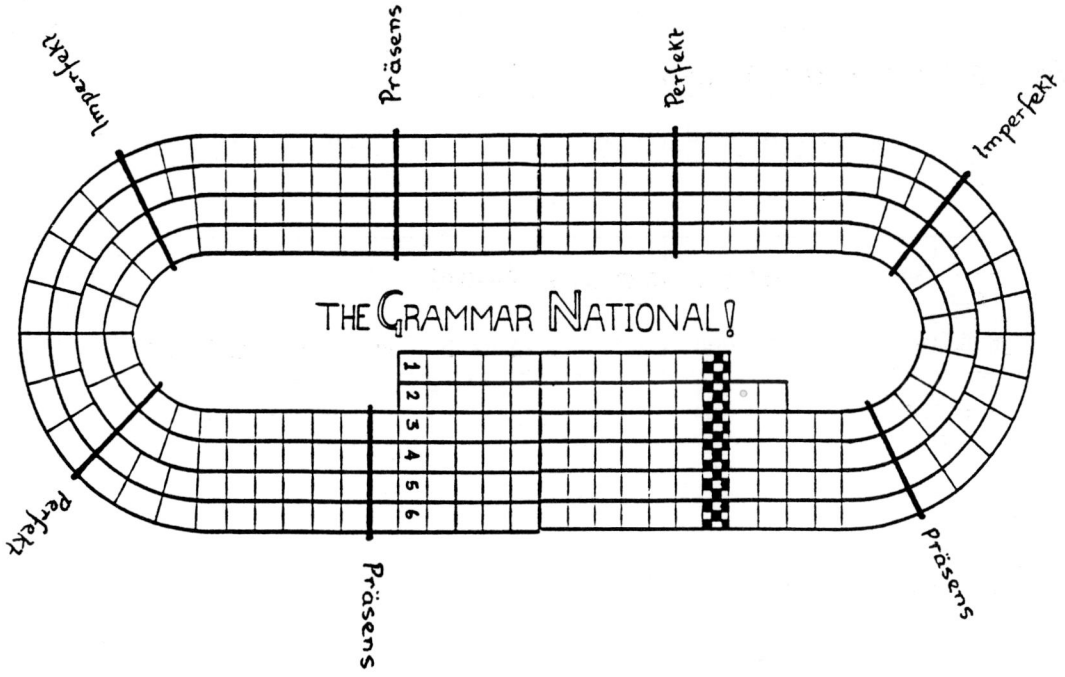

THE GRAMMAR NATIONAL!

CARD GAMES

1. Photocopy grid (p98) onto A4.
2. Fill in as required - or let pupils do this themselves!
3. Photocopy onto paper or card - coloured if available.
4. Cut up. If you make several copies, you can then divide your group into small groups or pairs and give them a time limit.

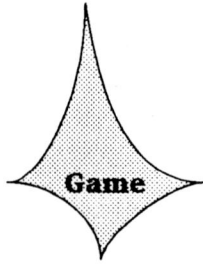

Game

The cards can be used to play a memory game or to simply match up words/parts of words/words to definitions and to practise sentence structure with various tenses, subordinating conjunctions, etc.

Matching

bevor	before	daß	that	obwohl	although	falls	in case
weil	because	während	while	bis	until	nachdem	after

sehen	sah	sitzen	saß	denken	gedacht	stehen	gestanden
kommen	kam	nehmen	nahm	wissen	gewußt	ziehen	gezogen

Compounds

WELT	KRIEG	VOLL	MOND	MIT	LEID	TAT	SACHE
LUFT	POST	FEST	LAND	VOR	TEIL	WAHN	SINN

Opposites

häufig	selten	Problem	Lösung	lieben	hassen	mit	ohne
mutig	feig	Reichtum	Armut	schreien	flüstern	innerhalb	außerhalb

Sentence structure

Als	wir	in	Paris	waren	,	haben	wir
den	Eiffelturm	gesehen	•				

Letzten	Dienstag	bin	ich	mit	dem	Zug	nach
München	gefahren	•					

Prepositions

durch	das Zimmer	aus	dem Zimmer	zu	der Stadt	unweit	des Flusses
innerhalb	des Zimmers	um	die Stadt	den Fluß	entlang	dem Fluß	gegenüber

THE PASSIVE

Look carefully at the verb 'werden' and work out which tenses of the passive are given below!

Exercise

1. Der Elefant wird von der Schlange gefressen werden.

2. Der Elefant wird von der Schlange gefressen.

3. Der Elefant ist von der Schlange gefressen worden.

4. Der Elefant wurde von der Schlange gefressen.

Exercise   Write a sentence about each picture using the passive. Choose a tense from those above, then give the English version!

USE OF LITERARY TEXTS

Sentence analysis

Exercise   May be done as a competition in pairs or individually.

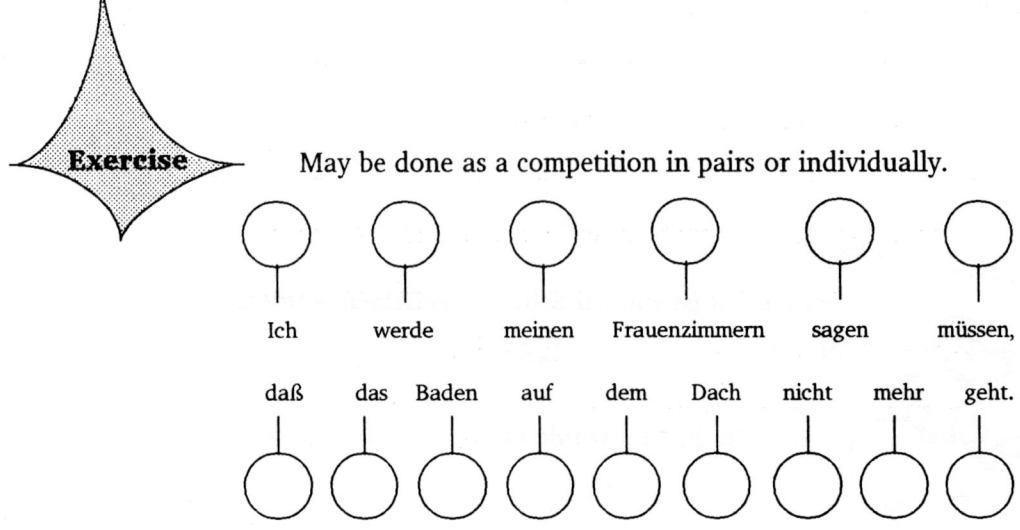

Ich   werde   meinen   Frauenzimmern   sagen   müssen,

daß   das   Baden   auf   dem   Dach   nicht   mehr   geht.

Subjunctive with indirect speech

Put these sentences into indirect speech,

e.g.   Andrea: Ich habe keine Geschwister.

Andrea sagt, daß er keine Geschwister habe.

1. Galilei: Ich glaube an den Menschen.

   _____

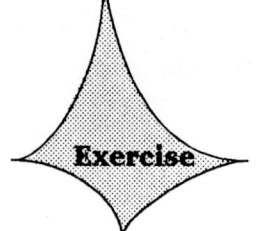

2. Ludovico: Alle Welt nimmt ihren Wein heutzutage mit Wissenschaft.

   _____

3. Sagredo: Das widerspricht aller Astronomie von zwei Jahrtausenden.

   _____

4. Galilei: Ich bin ein gläubiger Sohn der Kirche.

   _____

5. Kurator: Mich ekelt diese Welt an!

   _____

6. Galilei: Die Wahrheit ist das Kind der Zeit, nicht der Authorität.

   _____

Now put these questions into indirect speech,

e.g.   Galilei: Wann soll ich lernen?

Galilei fragt, wann er lernen sollte.

1. Virginia: Darf ich durchschauen?

   _____

2. Philosoph: Können solche Planeten existieren?

   _____

3. Cosmo: Ist etwas nicht in Ordnung mit meinen Sternen?

   _____

4. Frau S: Was machen Sie eigentlich mit meinem Sohn, Herr Galilei?

   _____

5. Andrea: Warum sieht es so aus, als ob die Sonne läuft?

   _____

GRAMMAR CHECKLIST

Nouns		
	a.	Check *genders* - m, f, or nt?
	b.	Check *plurals*
	c.	Check *meaning* in German/German dictionary
Verbs		
	a.	Correct *tense*? Be consistent!
	b.	Does *verb ending* agree with *subject*?
	c.	*Weak* or *strong* verb?
	d.	*Separable* or *reflexive* verb?
	e.	Is verb followed by *acc* or *dat*?
Word order		
	a.	*Main clause* - verb second idea
	b.	*Subordinating clause* - verb/auxiliary to end
	c.	*Relative clause* - verb/auxiliary to end
	d.	*T.M.P.*
Prepositions		
	a.	Is it the correct preposition - check *meaning*!
	b.	Which *case* does the preposition take?
	c.	Does the verb require a particular preposition? Check!
Articles		
		Correct *case*? Check tables!
Adjectives		
	a.	Require *endings* when *in front of a noun*
	b.	*Weak endings* after definite article and demonstrative adjective
	c.	*Strong endings* after indefinite article and possessive adjective
	d.	*Extra strong endings* when no article or defining word
	e.	See tables for exceptions!
	f.	Check *case* and *gender of noun*
	g.	Adjectival nouns also decline!

Use dictionaries with care!

Grammatical terms		Abbrev	Examples	
bestimmter Artikel	definite article	def	der,die,das	the
unbestimmter Artikel	indefinite article	indef	ein,eine,ein	a
Singular/Einzahl	singular	sing		
Plural/Mehrzahl	plural	pl		
Maskulinum	masculine	m	der,ein	the, a
Femininum	feminine	f	die,eine	the, a
Neutrum	neuter	nt	das ein	the, a
Akkusativ	accusative	acc	er sah *den* Hund	he saw *the* dog
Genativ	genative	gen	der Hut *des* Mannes	the man's hat
Dativ	dative	dat	Gib mir das Buch	Give the book *to me*
Substantiv	noun	n	Katze	cat
Pronomen	pronoun	pron	er,sie,es	he,she,it
demonstratives Adjektiv	demonstrative adjective	dem	*dieses* Jahr	*this* year
possessives Adjektiv	possessive adjective	poss	*meine* Frau	*my* wife
interrogatives Adverb	interrogative adverb	interrog	*Wo* wohnst du?	*Where* do you live?
Adjektiv	adjective	adj	schnell	quick
Komparativ	comparative	comp	schnell*er*	quick*er*
Superlativ	superlative	superl	am schnell*sten*	quick*est*
Adverb	adverb	adv	schnell	quick*ly*
Präposition	preposition	prep	für,mit	for,with
Präfix/Vorsilbe	prefix	pref	*Nach*mittag	*after*noon
Suffix/Nachsilbe	suffix	suf	Höflich*keit*	polite*ness*
Infinitiv	infinitive	inf	*gehen*	*to* go
transitiv	transitive verb	vt	er sah *den* Hund	direct object - *acc*
intransitiv	intransitive verb	vi	er hilft *mir*	indirect object - *dat*
reflexiv	reflexive verb	vr	*sich* waschen	to wash *oneself*
trennbar	separable verb	sep	*auf*stehen	to stand *up*
untrennbar	inseparable verb	insep	wiederholen	to repeat
Imperativ/Befehl	imperative	imper	Geh! Geht! Gehen Sie!	go!
Präsens	present	pres	er wohn*t*	he lives
Präteritum/ Imperfekt	imperfect	pret	er wohn*te*	he live*d*
Partizip Perfekt	past participle	ptp	*gewohnt*	live*d*
Passiv	passive	pass	es wurde gebaut	it was built
Konjunktiv	subjunctive	subjunc		

Chapter 5

I am Head of Languages at Biddenham Upper School, a mixed, multi-ethnic 13-18 comprehensive school in Bedford, drawing on pupils from a wide catchment area. French is taught to all Year 9 students, together with a second language chosen from German, Italian, Bengali, Urdu and Punjabi. In Years 10 and 11, all students follow a GCSE language course in one or both of their languages. In Years 12 and 13 'A' level courses in all languages are offered, as well as a FLAW course in French and German.

Students in my Year 12 and 13 'A' level groups have only been learning German for three years and in one of those years for only two lessons a week. I find that they are usually very well motivated, having enjoyed GCSE, but that their vocabulary and grammar are limited. My priorities in the initial two months are to maintain this enthusiasm (and if possible increase it) and to build up vocabulary, revise basic grammar, give them the language to discuss/express opinion and the confidence to use all this.

*I like to use a wide range of materials and cover a few topics superficially to maintain interest. I **never** spend long on any one text or activity; using one text for more than one lesson is a very rare occurrence - variety and pace are the key to success. The other thing I need to take into consideration is the very mixed-ability range of 'A' level groups today. To help overcome this problem, many of the tasks/activities are open ended, so **all** students can achieve success at their own level.*

Sue Hyland
Biddenham Upper School, Bedford

ESSEN UND TRINKEN: DIÄT UND GESUNDHEIT

This topic is a useful introduction to an 'A' level course as it is familiar territory, and conceptually easy. I prefer choosing an 'easy' topic to start with, as diving straight into politics in September turns students off! Everyone can contribute ideas, it is linguistically straightforward and this helps the group to 'gel' and overcome initial shyness/reluctance to speak. The only possible problem arises if there are overweight or anorexic students in the group, when there is a need for sensitivity.

General suggestions:

- recipes from magazines such as *Prima, Für Sie*
- *Teletip Kochen* - ten-minute programme demonstrating recipes - regularly on *3 Sat* on satellite television
- collect diets from magazines, use them to compare/plan a day's menu, etc
- watch television advertisements for food and drink
- aerobics - on *RTL plus* daily (satellite)

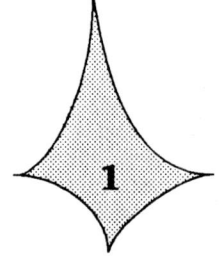

Gesundheitsprogramm

This is a useful introduction to the subject, as it revises and builds on basic food and drink vocabulary from GCSE. The main problem facing 'A' level students is lack of vocabulary, which prevents them from reading much authentic material, so I find it useful to start with the familiar so that they can gain confidence.

I   Introduce the topic, e.g. with a word association on the board/OHP. This serves to remind them how much they know. This could be an appropriate point to bring out dictionaries and encourage the use of them as students find further apposite words.

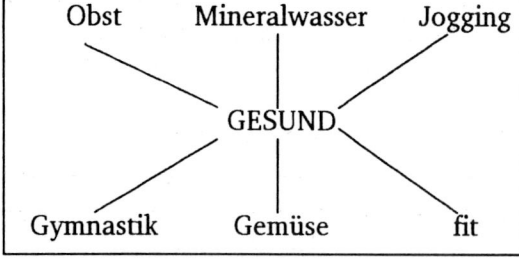

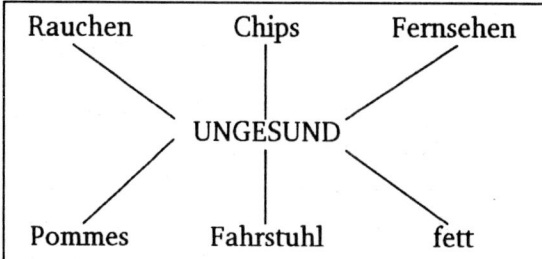

This could be developed as a homework/classwork activity to design a poster/collage etc, either individually or in groups.

II Pupils answer questionnaire for the first day (as on sheet) either individually or as a pairwork exercise. This can then be followed up with a discussion, e.g. have a copy on OHT and get pupils to suggest the 'right' or 'healthy' answers.

1. Tag

Wieviele Zigaretten haben Sie heute geraucht?
_____

Wieviel Alkohol haben Sie heute getrunken?
_____ Liter Bier
_____ Gläschen Wein
_____ Gläschen Schnaps
_____ Sonstiges

Wieviel Kaffee haben Sie heute getrunken?
_____ Tassen

Haben Sie heute zumindest zwei Liter Flüssigkeit (ohne Zucker, ohne Alkohol) zu sich genommen?
_____ (ja/nein)

Wie oft haben Sie heute gegessen?
_____ Mal

Waren kalorienreiche Mahlzeiten (Fett, Zucker usw.) dabei?
_____ (ja/nein)

War viel frisches Gemüse und Obst dabei?
_____ (ja/nein)

Wie lange sind Sie heute spazieren gegangen?
_____ Std. _____ Min.

Haben Sie sich heute sportlich betätigt?
_____ (ja/nein)
_____ Std. _____ Min.

Sind Sie ausgegangen, oder haben Sie etwas unternommen, obwohl Sie keine rechte Lust dazu hatten?
_____ (ja/nein)

Falls Sie in ärztlicher Behandlung sind: Haben Sie die Medikamente genommen, die Ihnen der Arzt verschrieben hat?
_____ trifft auf mich nicht zu
_____ (ja/nein)

Haben Sie irgendwelche Pillen oder Tropfen genommen, die Ihnen nicht vom Arzt verschrieben wurden?
_____ (ja/nein)

Haben Sie ein „Mittagsschläfchen" gehalten?
_____ (ja/nein)
_____ Std. _____ Min.

Wann sind Sie abends zu Bett gegangen?
um _____ Uhr

2. Tag

Haben Sie durchgeschlafen?
_____ (ja/nein)
_____ Std. _____ Min.

Welches Gewicht haben Sie heute morgen?
_____ kg _____ gr

Wenn Sie sich an den gestrigen Tag erinnern: Waren Sie sehr nervös, waren sie aufbrausend, vielleicht ungerecht zu anderen?
_____ (ja/nein)

Wenn Sie sich an den gestrigen Tag erinnern: Haben Sie Ärger oder Kummer „in sich hineingefressen", oder waren Sie eher gelöst, haben mit anderen Ihre Probleme diskutiert?
_____ hineingefressen _____ gelöst

Wie fühlen Sie sich heute morgen körperlich?
_____ sehr gut _____ gut
_____ besser als gestern
_____ mies _____ ganz schlecht

Sind Sie noch müde?
_____ (ja/nein)

Haben Sie Appetit?
_____ großen _____ mäßigen
_____ keinen

Möchten Sie heute Bäume ausreißen?
_____ (ja/nein)

Werden Sie heute versuchen zu leben, als wären Sie 20 Jahre jünger?
_____ (ja/nein)
_____ Std. _____ Min.

III Students work in pairs - look together at each other's answers and suggest to their partner how they could live more healthily.

IV Revision of modal verbs is appropriate here: *mögen, dürfen* and *sollen*. If students are not familiar with these verbs, oral practice with the use of an OHP is useful, e.g. picture of thin and overweight people - *was sollte er/sie essen/trinken um gesund/fit zu werden?*

Ask pupils to write a list: *Was magst du essen?*
And then for each of the foods, complete a chart with the 'healthy' answers!

Was ißt du gern?	Was solltest du nicht essen, wenn du fit bleiben oder werden willst?

V Follow-up: written work, suitable for homework - *Was hast du in den letzten drei Tagen gegessen? Schreib einen selbstkritischen Bericht!*

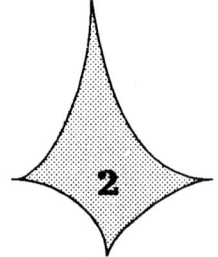

Anti-Streß Programm

This text was selected because the Germans are obsessed with stress and high blood pressure!

I would introduce this text by asking students to write down on paper - anonymously - an example of *Streß* (in German), collect them, read them out and discuss what it is and how to avoid it. The text is not difficult and simple comprehension questions can be used either in German or in English (see worksheet).

My pupils would be given the task of devising an anti-stress poster to go on the classroom wall, or writing a letter from an agony aunt to someone suffering from stress (which I would devise).

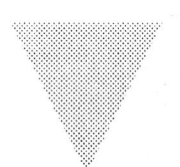

Kopfschmerzen und Migräne
Anti-Streß-Programm
sinnvoller als Tabletten

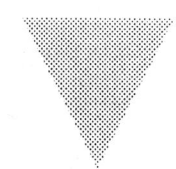

Kopfschmerzen, Migräne, Verspannungen und Magenleiden treten nicht selten in Streß-Situationen auf. Amerikanische Wissenschaftler haben jetzt unter der Leitung von Leonard Lovshin, dem Präsidenten der „Nationalen Kopfschmerz-Stiftung", einen Entspannungs-Katalog für Streß-Kranke entwickelt:

● Wenn Sie angespannt sind, lockern Sie Ihre Muskeln und atmen Sie tief durch.

● Stehen Sie morgens 15 Minuten früher auf. Dann haben Sie mehr Zeit, sich auf den Tag vorzubereiten.

● Denken Sie jeden Abend kurz über den nächsten Tag nach. Dann sind Sie besser vorbereitet.

● Achten Sie nur auf eine Sache. Verrichten Sie Ihre Arbeit lieber hintereinander.

● Erledigen Sie unangenehme Dinge möglichst früh am Tag, damit Sie sie schnell vergessen können.

● Reden Sie mit Freunden über Ihre Probleme.

● Sorgen Sie für ausreichenden Schlaf.

● Nehmen Sie sich jeden Tag genug Zeit zum Ausspannen.

● Tun Sie jeden Tag etwas, das Ihnen so richtig Spaß macht.

● Schreiben Sie sich wichtige Dinge immer auf. Das erleichtert die Arbeit.

● Eine heiße Dusche im Winter und eine kalte im Sommer sind ideal, um Verspannungen abzubauen.

● Umgeben Sie sich mit positiv eingestellten Menschen. Schlechtgelaunte übertragen ihre negative Stimmung auf die Dauer auch auf andere.

● Wird der Lärm um Sie herum zu laut, dann tragen Sie Ohrenstöpsel. ■

	What should you do:
if you are feeling tense	
if you have unpleasant things to do	
if things are too noisy	
to make your work easier	
with your problems	
if you have a lot of things to do	
if you are surrounded by bad-tempered people	
to be better prepared	

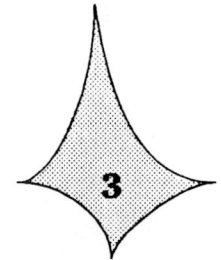

3

Biggi Lechtermann

This is useful because it is quite a simple text, giving positive images of a woman in the public eye who is interested in sport, the environment and motor-racing. RTL is *Radio Television Luxemburg* and ZDF is the *Zweites Deutsches Fernsehen*, two of the main German-speaking television channels, both available on satellite television.

I   Students read the text and then complete the table *'Was macht Biggi für die Gesundheit'* either individually, in pairs or in groups (comprehension of the text).

II   Students practise nouns/verbs.

Biggi Lechtermann
So hält sich die Power-Frau von „1, 2 oder 3" fit und gesund

Spritzig, quirlig und stets vergnügt – so kennen die Zuschauer Biggi Lechtermann (30). Die ehemalige Radio-Moderatorin (RTL) eroberte die Herzen des Fernseh-Publikums durch das Kinder-Rate-Quiz „1, 2 oder 3" und „Technik 2000" (ZDF).

Daß sich hinter dieser jungen Frau eine wahre Gesundheits-Fanatikerin verbirgt, wissen die wenigsten. Angefangen bei ausgewogener Ernährung bis hin zu sportlichen Aktivitäten widmet sie ihrem Körper große Aufmerksamkeit. „Sooft ich kann, gehe ich joggen oder fahre in einem nahegelegenen Wäldchen mit dem Rad. Doch Wassersport ist für mich das Größte! Eigentlich kein Wunder. Denn mein Sternzeichen ist der Fisch und mein Aszendent Wassermann. Ich denke, deswegen ist das kühle Naß mein Element. Ich tauche leidenschaftlich gerne und bin auch eine sehr gute Schwimmerin", erzählt Biggi Lechtermann Goldene Gesundheit.

Doch sie fühlt sich auch in einem Rennwagen zu Hause. „Zwar nehme ich nur als Gastfahrerin an Rennen teil, doch

Fahrradfahren und Joggen sind nur zwei Hobbys von vielen aus Biggi Lechtermanns „Fitneß-Programm". Lesen Sie hier, wie gesundheits- und umweltbewußt sie lebt

REPORTAGE

es ist irrsinnig aufregend und spannend, dabeizusein. Im Straßenverkehr halte ich mich allerdings immer an die vorgeschriebenen Regeln." Auch wenn Biggi hin und wieder an Autorennen teilnimmt, ist sie doch sehr umweltbewußt. Niemals würde sie achtlos Papier auf die Straße werfen. Und im Haushalt achtet sie sehr darauf, kein Wasch- oder Putzmittel mit Schadstoffen zu benutzen. Schmierseife und Essig reichen aus!

Doch besonders großen Wert legt Biggi auf ihre Ernährung. Sie ißt kein Schweinefleisch, vermeidet, wenn es eben geht, weißes Mehl und kalorienreiche Kost. „Ich stehe im ständigen Kampf mit den Pfunden", erklärt sie. „Natürlich ist es in meinem Beruf nicht gerade einfach, sich gesund und ausgewogen zu ernähren. Doch ich nehme mir jeden Tag fünf Minuten Zeit und überlege, was meinem

Körper noch an wichtigen Nährstoffen fehlt. Komme ich dann zu dem Ergebnis, daß ich seit Tagen keinen Fisch mehr gegessen habe, hole ich dies sofort nach. Und wenn ich merke, daß mir Vitamine und Mineralstoffe fehlen, sehe ich zu, daß ich frisches Obst bekomme. Wenn das nicht möglich ist, habe ich immer eine Multivitamin-Brausetablette mit Mineralstoffen griffbereit."

Flüssigkeit ist überhaupt das A und O für die beliebte Moderatorin. Sie hat immer eine Flasche Mineralwasser im Auto, damit sie ihren Durst so schnell wie möglich stillen kann. „Sonst habe ich das Gefühl, von innen heraus regelrecht auszutrocknen. Wenn wir mit einem Team unterwegs sind, trage ich immer eine Flasche Wasser unterm Arm mit. Meine Kollegen spötteln deswegen schon über mich", lacht Biggi.   **Anja Plötz**

Was macht Biggi für die Gesundheit?

Sport	1. 2. 3. 4. 5.
Umwelt	1. 2.
Ernährung	1. 2. 3. 4.

Wortschatzübung

Hauptwörter	Verben
Aufmerksamkeit	
Schwimmerin	
Kampf	
Ergebnis	
Sendung	
Ernährung	
Umgang	

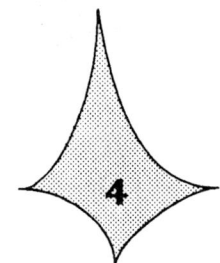

Fit in 4 Wochen

I like anything which gets students involved - active learning. If the atmosphere in the group is right, I can use this kind of activity

The Germans are even more conscious of health than the British. As a result of the *Trimm dich Bewegung* in the 70s, you can find a *Trimm dich Pfad* in woods and hills in many German tourist areas.

I   Read the exercises.

II Name the parts of the body on the worksheet.

III Look at the way infinitives are used to give commands for the exercises. Revise commands in the *du/ihr/Sie* forms orally, and then practise giving some of the exercises to one volunteer student. Possible as pairwork in a large room. This could also be used to revise/teach the passive - *Was wird gemacht? Der Oberkörper wird gebeugt*, etc.

Other exercises could be demonstrated for pupils to describe, active or passive. A video of aerobics from British or German television, or a commercially produced one, could be used for this purpose.

IV For homework the students could either complete an exercise putting commands into different forms, or write out the instructions for other known exercises.

DIE NEUE AU___AU-GYMNASTIK
FIT IN 4 WOCHEN

Für den Rücken. Gerade hinstellen. Die Hände hinter dem Rücken falten. Dann den Oberkörper nach vorn beugen und dabei die Arme so hoch wie möglich ziehen. Wichtig bei dieser Übung ist, daß Sie sie langsam durchführen und möglichst etwas halten, 8mal.

Für den Rücken. Hinlegen und den Kopf mit den Händen halten. Beine anwinkeln und leicht grätschen. Jetzt auf die Fußspitzen gehen und dann das Becken ganz langsam heben und wieder senken. 8mal. Kurze Pause machen und diese Übung 1mal wiederholen.

Für die Beine. Auf den Rücken legen. Die Arme seitlich strecken. Die Beine senkrecht heben und dann ganz weit öffnen und schließen. Dies ist übrigens eine Übung, die besonders die Muskeln der Innenschenkel trainiert. 10mal. Übung 3mal wiederholen.

Für die Beine. Hinstellen und die Arme anwinkeln. Hände zu Fäusten ballen. Dann in schnellem Wechsel einen großen Schritt nach vorn machen, einmal federn und zurück. Das Gewicht dabei stets auf die Ballen verlagern. Je Bein 8mal. Übung 4mal wiederholen.

Zum Entspannen. Auf dem Rücken bleiben. Arme an den Körper legen. Die Hüften heben (wer's allein nicht schafft, stützt mit den Händen ab) und die Beine über dem Kopf ausstrecken. Augen schließen. 1 – 3 Minuten.

Worksheet

(Journal für die Frau)

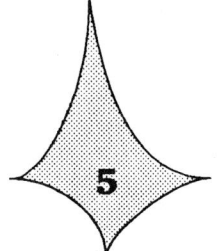

Schlafen Sie gut?

This is an item of general interest. Even our wildest student has to sleep sometimes! It is useful for reinforcing the use of the infinitive as a command, something which is probably new to the students.

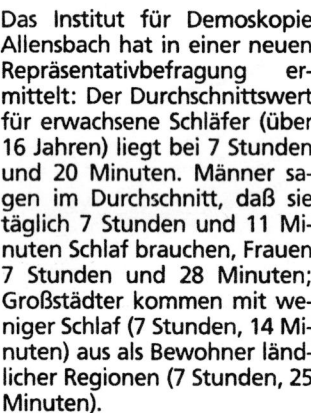

Schlafen Sie gut?

Das Institut für Demoskopie Allensbach hat in einer neuen Repräsentativbefragung ermittelt: Der Durchschnittswert für erwachsene Schläfer (über 16 Jahren) liegt bei 7 Stunden und 20 Minuten. Männer sagen im Durchschnitt, daß sie täglich 7 Stunden und 11 Minuten Schlaf brauchen, Frauen 7 Stunden und 28 Minuten; Großstädter kommen mit weniger Schlaf (7 Stunden, 14 Minuten) aus als Bewohner ländlicher Regionen (7 Stunden, 25 Minuten).

Wie gesagt: Das sind nur Durchschnittswerte. Wer sein individuelles Schlafbedürfnis ermitteln möchte, braucht nur einmal an einigen Tagen, an denen er nicht vom Wecker wachgeklingelt wird (an den Wochenenden?), seine Schlafzeiten aufzuschreiben: Wann wache ich morgens von selbst auf, wenn ich abends zu normaler Zeit ins Bett gegangen bin? Aus den Werten von acht bis zehn solcher Nächte läßt sich der persönliche Schlafbedarf ermitteln. Und das ist dann die Zeit, die der Körper braucht, um sich zu erholen. Gelegentliche Ausnahmen (etwa durchtanzte Nächte oder wenn ein Kind krank ist) hält der Körper gut aus. Aber schon nach drei, vier Nächten mit zu wenig Schlaf (weniger als fünf Stunden) wird man unkonzentriert, gerät leicht ins Schwitzen. Die Nerven machen nicht mehr mit.

Nach dem neuesten Stand der Schlafforschung wäre es ideal, nicht nur nachts zu schlafen, sondern auch das Mittagstief ruhend zu überbrücken. Wer tagsüber auch nur eine halbe Stunde Zeit zum Schlafen hat, kommt nachts mit sechs Stunden gut aus. Aber: Es muß die richtige halbe Stunde sein. Um sie einzugrenzen, kann man sich ebenfalls am Wochenende beobachten: Wann kommt das Mittagstief? Wer seins kennt und zu nützen weiß, hat viel gewonnen: Schon zehn Minuten Dösen zur rechten Zeit kann so erholsam sein wie zwei Stunden Schlaf!

I Read the text - a good homework task could be to prepare this, looking up any unfamiliar vocabulary. To encourage vocabulary learning in the early stages of 'A' level I set this as homework, often combined with written tasks using the new vocabulary.

Erklären Sie folgende Wörter:

der Durchschnittswert	
die Großstädter	
durchtanzte Nächte	
die Schlafforschung	
das Mittagstief	
das Dösen	
das Schlafmittel	
die Traumphasen	
das Schlafmuster	
die Ausnahmen	

II For comprehension of the text, students could complete the worksheet saying in what context the various numbers are mentioned.

In which context are the following numbers mentioned?

16 years	
7 hours 28 minutes	
7 hours 11 minutes	
7 hours 25 minutes	
7 hours 14 minutes	
8 - 10 nights	
3 - 4 nights	
less than 3 hours	
6 hours	
$\frac{1}{2}$ hour	
10 minutes	

III For vocabulary extension, students could make a list of all compounds of the word *Schlaf* in the text and sort them into three lists by gender, thus reinforcing the fact that it is the gender of the final part of the compound word which dictates the gender.

IV Discussion '*Was tun, wenn man nicht schlafen kann?*'

V Read the second text, perhaps using the *falsch oder richtig* worksheet to test comprehension.

WAS TUN, WENN MAN NICHT SCHLAFEN KANN?

Etwa die Hälfte der Bundesbürger schläft nicht so, wie sie es sich wünscht. Dabei gibt es kaum etwas Unangenehmeres, als müde auf den Schlaf zu lauern, der einfach nicht kommen will. Schlafwissenschaftler nennen folgende Tips für Leute, die jeden Abend Probleme mit dem Einschlafen haben:

● Nicht im Bett liegen bleiben, wenn man nicht einschlafen kann. Lieber aufstehen, lesen, handarbeiten.

● Den Fernseher aus dem Schlafzimmer verbannen.
● Vor dem Zubettgehen warme Milch mit Honig trinken (danach Zähne putzen).
● Etwas Süßes essen. Der kurzzeitige Anstieg des Blutzuckers sorgt dafür, daß man leichter einschläft. (Zähne putzen nicht vergessen!)
● Ein warmes (nicht zu heißes!) Bad entspannt. Zusätze wie Hopfen oder Melisse fördern den Schlaf.
● Wer kein Vollbad nehmen will: Mit einem Fuß-

bad für warme Füße sorgen. Solange die Füße kalt sind, kommt der Schlaf nämlich nicht.
● Sich fest vornehmen, nicht einzuschlafen. Wer sich zwingen möchte, wach zu bleiben, schläft paradoxerweise eher ein.
● Das gute alte Schäfchenzählen wird auch von modernen Schlafforschern für eine gute Einschlafhilfe gehalten. Zählen lenkt von Problemen ab, die im Kopf kreisen. Noch hilfreicher ist es, sich die Schäfchen dabei plastisch vorzustellen.

(Prima 11/89)

Sind diese Tips falsch oder richtig?

	falsch	richtig
ein heißes Bad nehmen		
einen guten Krimi lesen		
ein Stück Käse essen		
Fernsehen		
Schäfchen zählen		
versuchen wach zu bleiben		
ein Fußbad nehmen		
handarbeiten		
ein Bierchen trinken		

VI Written work - students write their own list of *Tips zum Einschlafen.*

VII Oral work - role-play: one partner cannot sleep. The other gives advice, which the first does not find helpful.

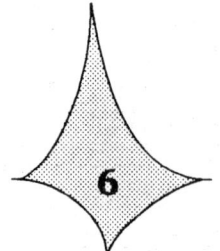

Hauptangst - Radioaktivität

Germans are in general much more aware of the dangers of nuclear power. The Green Party is strong, and the position of Germany, surrounded by countries with nuclear power stations, has increased awareness of the dangers that could result from an accident. The effects of Tschernobyl were felt much more strongly in Germany, and taken much more seriously.

I   Before showing the results of the survey, conduct a questionnaire of the class as to what the students consider the greatest threats to their health (see worksheet), revising quantity words with the singular - ein wenig, sehr, viel, etc.

II Compare and discuss results of their answers and then the survey of Germans. Look for any differences and try to explain them.

III Use the questions to interview other German-speaking students, perhaps in another group.

Fünftausend Haushalten wurden zehn Fragen gestellt

Hauptangst: Radioaktivität

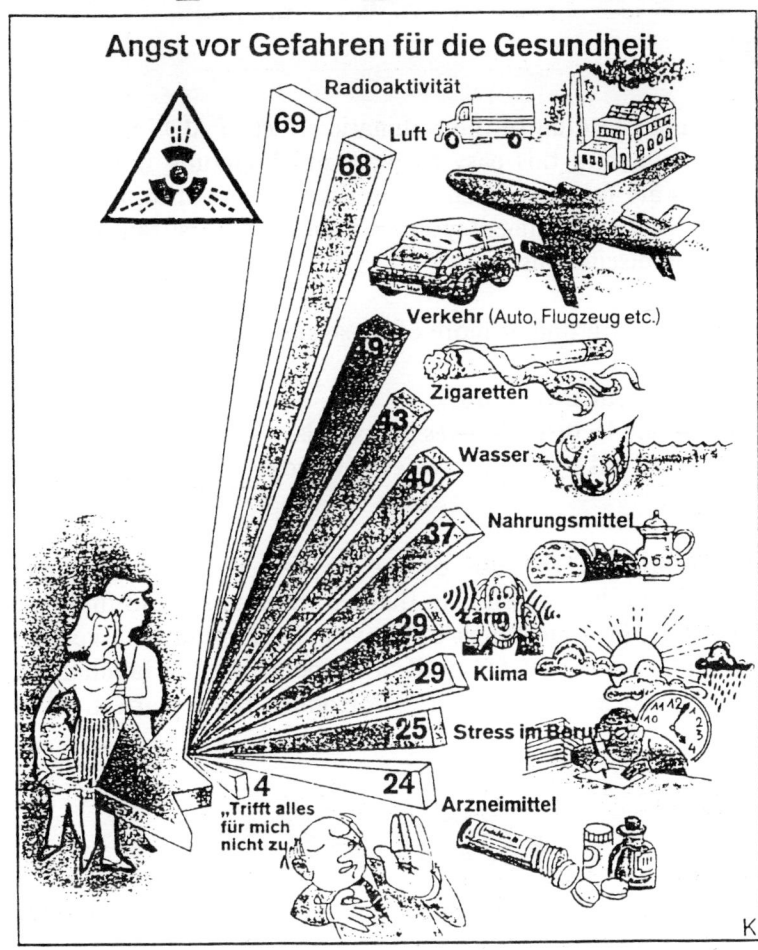

Angst vor Gefahren für die Gesundheit

Radioaktivität 69
Luft 68
Verkehr (Auto, Flugzeug etc.) 49
Zigaretten 43
Wasser 40
Nahrungsmittel 37
Lärm 29
Klima 29
Stress im Beruf 25
„Trifft alles für mich nicht zu" 4
Arzneimittel 24

Bei einer schriftlichen Umfrage mit 5000 repräsentativ ausgewählten Haushalten, denen eine Liste mit zehn möglichen Gesundheitsgefährdungen vorgelegt wurde, stellte sich heraus, daß Radioaktivität und Luftverschmutzung die am meisten befürchteten Gefährdungen sind.

Die übrigen acht Fragenkomplexe betrafen Verkehr, Wasser, Lärm, Klima, Nahrungsmittel und Getränke, Arzneimittel, Streß im Beruf und Zigaretten. Die 5000 Haushalte hatten Antwort zu geben auf diese eine Frage: „Gesundheitsfragen werden täglich in der Presse und im Fernsehen angesprochen. Von welchen Dingen befürchten Sie persönlich Gesundheitsgefährdungen?"

An der Spitze liegen, wie die „GFM-Panelforschung Hamburg" mitteilt, „Radioaktivität" mit 69 und „Luft" mit 68 Prozent. Dahinter verbergen sich Vorstellungen über Tschernobyl, über das „Ozon-Loch", über „Stickoxyde", über das Waldsterben durch Luftemissionen und so weiter.

An dritter, vierter und fünfter Stelle rangieren drei Nennungen zwischen 40 und 50 Prozent. Es sind mit 49 Prozent „Verkehr" (Auto, Flugzeug, Bahn), „Zigaretten" mit 43 und „Wasser" mit 40 Prozent. An sechster Stelle folgen Nahrungsmittel und Getränke mit 37 Prozent. Sie nehmen damit eine Mittelposition ein.

Zwischen 20 und 30 Prozent liegen an siebter Stelle „Lärm" mit 29 Prozent, gleichauf an achter Stelle „Klima", an neunter Stelle „Streß im Beruf" mit 25 Prozent und an letzter Stelle „Arzneimittel" mit 24 Prozent.

Nur vier Prozent der Gesamtbevölkerung meinen, daß keine der zehn vorgegebenen Statements für sie eine Gesundheitsgefährdung bedeuten könne.

Die Menschen aus 5000 Haushalten wurden befragt nach den Gefahren für die Gesundheit, und die Grafik zeigt, in Prozenten ausgedrückt, ihre Antworten. Mehr als zwei Drittel sehen in der Radioaktivität und in der Luftverschmutzung die größten Gefahren. Aber jeder vierte glaubt sogar, daß Medikamente der Gesundheit schaden   Zeichnung: WOLFGANG KURTZ

(Hamburger Abendblatt 6/89)

Was ist Ihrer Meinung nach gefährlich für die Gesundheit?

	gar nicht	wenig	ziemlich	sehr viel
Luft				
Arzneimittel				
Klima				
Streß				
Radioaktivität				
Wasser				
Verkehr				
Zigaretten				
Nahrungsmittel				
Lärm				

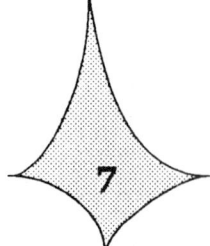

7 AIDS

This is a simple account of the traumatic effect of AIDS on one girl. Students should find this easy to read and hopefully interesting! I find students are far more keen to discuss this sort of topic than the familiar 'A' level environment/politics issues. The assistant could be brought in on discussions.

I Read the text, discuss and follow up with one or more of these suggestions:

★ You are Ali. Tell her story in your own words.
★ Write or record on cassette the lecture Ali gives in schools.
★ Make a poster that Ali could take with her when she goes to schools. (Use the poster provided to help you.)

II Grammatical follow-up could centre on the use of the imperfect. There are many examples of strong and weak verbs in the imperfect in the text. Students could find these and sort them into weak and strong, give meanings/infinitives. They could then go on to use them in the perfect, as in telling Ali's story. Many GCSE students are not familiar with the imperfect - this would be a good point at which to introduce the imperfect, as the first major new topic for 'A' level.

HIER NICHT:

Nach heutigem Wissen wird AIDS auf folgenden Wegen <u>nicht</u> übertragen:

➡ Durch <u>Körperkontakte</u> wie Händeschütteln, Umarmen, Zärtlichkeiten oder Wangenküsse.

➡ Durch <u>Anatmen</u> oder <u>Anhusten.</u>

➡ Durch Besuche im <u>Schwimmbad,</u> in der <u>Sauna</u> oder beim <u>Sport.</u>

➡ Durch <u>Zusammenleben</u> mit Infizierten oder Kranken.

➡ Durch gemeinsames <u>Arbeiten im Betrieb.</u>

➡ Durch Benutzen von <u>Toilette, Bad und Dusche.</u>

➡ Durch <u>Insektenstiche</u> und <u>Haustiere.</u>

➡ Durch das <u>Spenden</u> von Blut.

(Familie, Frauen und Gesundheit 12/88)

Ein Mädchen wie Alison Gertz, 24, kann eigentlich gar kein Aids kriegen. Anständig, bestes Elternhaus, fremd in den Kreisen. Dann kam der falsche Mann

Unschuldig AIDS Tut es dann mehr weh?

(Bunte)

Eine einzige Nacht mit dem falschen Mann

S ommer in New York vor 8 Jahren. Aids war kaum mehr als ein Raunen. Man liebte leicht. Alison war schön, 16 – und eines der Mädchen, deren reiche Eltern ein Appartement am Central Park haben. Ihr Vater Jerrold war Immobilienmillionär, und sie war vergleichbar mit einem Mädchen aus Hamburg-Blankenese, Tochter eines Bankiers in der City. Ali riefen ihre Freunde sie.

Sie hatte wie alle wohlbehüteten Mädchen damals in New York den Tick: Sie wollte in den „Club 54", dem Mekka der Nacht, der „In"-Disko Manhattans. Dort, wo man, wenn man Glück hatte, John Travolta sah, Warren Beatty, Jack Nicholson, Andy Warhol, einfach alle, von denen Mädchen wie Ali träumten. Dieses Glück bewachten Türsteher, die nur reinließen, wer vor ihren Augen bestand. Kriterien: Prominenz, schön und schrill. Ali kam rein, weil sie schön war und einen Barkeeper kannte – Cort Brown, 27. „Er war der

interessanteste Mann, den ich je gesehen hatte", sagte sie. „Wir waren ein Jahr lang wie Bruder und Schwester. Aber er zog mich körperlich sehr an. Es kribbelte zwischen uns. Ich wußte, daß sein bester Freund schwul war. Aber als ich Cort fragte, ob er homosexuell sei, sagte er nein und lächelte."

★★★

Die Nacht. Als ihre Eltern verreisten, wollte sie mit ihrem Traummann mehrere Stunden allein sein. Sie wünschte sich das große Abenteuer so sehr. Sie lud ihn in das Millionärsappartement, Park-Avenue, ihrer Eltern. „Er kam mit Champagner, Kerzen und zwölf roten Rosen. Es war sehr romantisch. Ein Mädchen wie Ali war statistisch immun. Die Ärzte testeten sie zwei Wochen

danach wußten wir, daß es aus war. Es hatte ein fremder Mann mit mir geschlafen."

Ali stieg aus der Diskoszene aus und vergaß Cort, das „Studio 54", die Enttäuschung. Sie lernte einen Jungen aus ihren Kreisen kennen.

Sechs Jahre später, August 1988. Alison war 22, war drei Jahre mit ihrem Freund zusammen und monogam. Sie war Designerin, dachte an Karriere, an Heirat und an Babys.

Dann bekam sie Fieber, wird „Aber dann dachte ich – nein Ali, – du wirst kämpfen. Okay – du wirst nie wieder mit jemandem schlafen, nie heiraten und nie Kinder bekommen. Aber der Tod muß warten."

Sie wollte leben. „Meine Eltern zerbrachen. Mein Vater Jerrold, 68, konnte mich nicht mehr ansehen, ohne zu weinen. Meine Mutter Carol, 57, wurde zum Schatten. Mein Geliebter war geschockt.

Aids ist endgültig. Ali weiß, daß sie sterben

Die Ärzte rätselten. Jeder Homosexuelle, die Junkies, die Bisexuellen, die Zügellosen. Ein Mädchen wie Ali war

Doch Aids? Dann Lungenentzündung. Eine Bronchoskopie (Spiegelung der Bronchien) wurde zum Urteil.

Alison lag halb bewußtlos mit Sauerstoffmaske im Bett, als ihr Hausarzt sich mit Tränen über sie beugte: „Ali – du hast Aids."

Lebensstern. Ali Gertz puster 24 Geburtstagskerzen aus. Ihr Vater Jerrold, 68, ein Immobilienmillionär, und ihre Mutter Carol, 57, versuchen zu lächeln, obwohl ihre Herzen weinen. Ali weiß nicht, wie lange sie noch lebt – Aids

Tagsüber war ich absurd aufgekratzt. Ich weinte nur nachts." Ihr Freund versuchte sie zu lieben – drei Monate lang. Ali: „Wir schliefen noch zweimal zusammen. Wir benutzten zwei Kondome übereinander – es war ein Alptraum. Er hatte irre Angst. Wir mußten aufhören, uns zu lieben. Aber es war furchtbar schwer. Wir kuschelten zusammen auf dem Sofa, berührten uns und sahen TV. Er wurde erregt und mußte dann gehen. Er weinte, ich weinte. Ich wußte, ich würde niemals wieder jemanden lieben."

★★★

Ali, 24, mit Freundin. „Mein Ziel ist, glücklich zu sein – ob ich 2 Tage lebe oder 50 Jahre"

Alis Mission. Sie warnt vor schnellem Sex. 200 Schüler lauschen: „Wenn ihr liebt, nur mit Schutz."

Leben mit Aids. Ali rief alle ihre Ex-Freunde an. Alle ließen sich testen. Alle waren negativ. „Ich wußte von Anfang an, daß es Cort war."

Cort war 1988 an Aids gestorben.

16 Wochen blieb Ali im Krankenhaus. Als sie heimkam, schwor sie sich: Du wirst nie mehr deprimiert sein, denn das ist nur Energieverschwendung. Du wirst die Kraft, die du noch hast, nutzen. Sie versucht zu leben wie ein normales Mädchen. Ali schläft mit ihrer Katze Sambuca und dem Hund Sake in einem Doppelbett voller Spitzen und rosa Chintz. Sie liest Gedichte von Rilke und Lebensweisheiten von Laotse. Sie malt. Wenn es ihr besser geht, dann nehmen sie ihre Freundinnen manchmal auch

mit in Diskos. Sie tanzt. Sie lacht. Sie wirkt unbeschwert. „Aber wenn ein Mann mit mir flirtet, sage ich ihm gleich, daß ich krank bin. Es hat ja keinen Sinn, weiterzumachen. Außer er will es." Ihre Augen werden groß und traurig: „Es wird in meinem Leben keine Leidenschaft mehr geben – und doch, ich sehne mich so sehr nach ihr."

★★★

Alis Kampf. Manchmal gibt Ali Vorlesungen. Eine Luxuslimousine bringt sie zu Schulen. In einem schenkellangen Kaschmirpullover (zum Schutz gegen Erkältungen) und schwarzen Leggings (zum Schutz gegen schwarzen Sex: „Das warnt sie vor dem schnellen, dummen beschwipsten Sex: „Das ganz Besonderes sein, etwas erstemal, wenn ihr mit jemandem schlafen wollt, sollte es wenn ihr verliebt seid, müßt ihr euch schützen."

Epilog: Ali zu BUNTE: „Es gibt Zeiten, da will ich morgens nicht mehr aufwachen. Da bin ich zornig, daß das Leben so unfair ist. Aber das Schlimmste, was du machen kannst, ist, zu Hause zu sitzen und zu weinen. Wenn du siehst, wie kostbar das Leben ist, mußt du das Beste daraus machen. Es kommt nur darauf an, was wir aus unserer Zeit machen, die wir noch haben. Schreiben Sie das!"

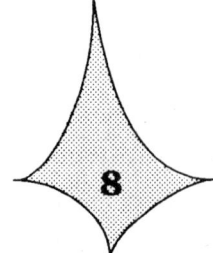

8

Ich bin schwanger - Ich habe abgetrieben

Another easy, readable text, taken from *Mädchen*, a German teenage magazine.

The worksheet comparing the experiences of the two girls is a useful way into a simple discussion of the issues raised. This is an emotive issue, again one which I find students willing to discuss. In a multi-ethnic school it is interesting to get the different cultural views on this topic.

Beide steckten mitten in der Ausbildung, schmiedeten Zukunftspläne für den Beruf — kein Platz für ein Baby. Doch es passierte trotzdem. Wie hättest Du Dich entschieden? Schreib uns Deine Meinung.

MELANIE, 17

Für mich war von Anfang an klar, daß ich das Kind zur Welt bringen werde." Dabei ist Melanie gerade erst 17 Jahre alt geworden, steckt mitten in der Ausbildung als Friseurin — und ist im achten Monat schwanger. In vier Wochen soll ihr Baby geboren werden, doch hinter ihr liegt eine schwierige Zeit.

Melanie: „Als ich erfuhr, daß ich ein Kind bekomme, habe ich total Angst gehabt. Meine Zukunft sollte schließlich anders aussehen. Ich wollte mir mein Leben aufbauen, eine eigene Wohnung haben und in meinem Beruf erfolgreich sein." Doch der Arzt warf Melanies Zukunftspläne mit dem Satz „Sie sind schwanger" total über den Haufen.

Melanie: „Über eine Abtreibung hab' ich aber erst gar nicht nachgedacht, schließlich war ich selber schuld."

Zwar hatte sie regelmäßig die Pille genommen, aber: „Ich mußte wegen einer Nierenbeckenentzündung ziemlich lange starke

Trotz Zukunftsangst — Melanie freut sich auf ihr Baby

Antibiotika schlucken, die sich mit der Pille nicht vertragen haben. Na ja, und das hab' ich einfach nicht gewußt." Als Melanie ihrer Mutter die Schwangerschaft beichtete, gab's natürlich erst mal Ärger. Auch Melanies Freunde konnten nicht verstehen, warum sie sich fürs Kind entschieden hatte — bis auf Hartmut. Der 24jährige ist der Vater von Melanies Baby und hat von Anfang an zu seiner Freundin gehalten. „Wenn Harti nicht immer gesagt hätte, daß wir das schon schaffen werden, hätt' ich's mir vielleicht doch anders überlegt." Inzwischen freuen sich die beiden aber riesig auf das Baby, wollen im Sommer zusammenziehen und heiraten. Doch ab und zu überfällt Melanie wieder die Angst vor der Zukunft, ob sie es auch schafft, jetzt schon die große Verantwortung für ein Kind zu übernehmen. Und dann denkt sie sich auch manchmal: „Schade, daß ich nicht eine ganz normale Siebzehnjährige sein kann."

„Ich bin schwanger"